MARCO POLO

MADRID

W0231276

Vier Symbole sollen Ihnen
die Orientierung in diesem Führer erleichtern:

für Marco Polo Tips – die besten in jeder Kategorie

für alle Objekte, bei denen Sie auch eine schöne Aussicht haben

für Treffpunkte für junge Leute

(A 1)
Koordinaten für den Stadtplan,
(O) *außerhalb des Kartenbereichs*

Diesen Führer schrieb Elisabeth Guth.
Die langjährige dpa-Korrespondentin lebt seit 1976 in Madrid
und arbeitet u.a. für die Kunstzeitschrift »Art«.
Die Marco Polo Reihe wird herausgegeben
von Ferdinand Ranft.

MAIRS GEOGRAPHISCHER VERLAG

MARCO ⊕ POLO

Für Ihre nächste Reise gibt es folgende Titel dieser Reihe:

Ägypten • Alaska • Algarve • Allgäu • Amrum/Föhr • Amsterdam • Andalusien • Antarktis • Argentinien/Buenos Aires • Athen • Australien • Bahamas • Bali/Lombok • Baltikum • Bangkok • Barcelona • Bayerischer Wald • Berlin • Berner Oberland • Bodensee • Bornholm • Brasilien/Rio • Bretagne • Brüssel • Budapest • Bulgarien • Burgenland • Burgund • Capri • Chiemgau/Berchtesgaden • China • Costa Brava • Costa del Sol/Granada • Costa Rica • Côte d'Azur • Dänemark • Disneyland Paris • Dolomiten • Dominik. Republik • Dresden • Dubai/Emirate/Oman • Düsseldorf • Eifel • Elba • Elsaß • England • Erzgebirge/Vogtland • Feuerland/Patagonien • Finnland • Flandern • Florenz • Florida • Franken • Frankfurt • Frankreich • Frz. Atlantikküste • Fuerteventura • Galicien/Nordwest-Spanien • Gardasee • Gran Canaria • Griechenland • Griech. Inseln/Ägäis • Hamburg • Harz • Hawaii • Heidelberg • Holland • Hongkong • Ibiza/Formentera • Indien • Ionische Inseln • Irland • Ischia • Island • Israel • Istanbul • Istrien • Italien • Italien Nord • Italien Süd • Ital. Adria • Ital. Riviera • Jamaica • Japan • Java/Sumatra • Jemen • Jerusalem • Jordanien • Kalifornien • Kanada • Kanadas Osten • Kanadas Westen • Karibik: Große Antillen • Karibik: Kleine Antillen • Kärnten • Kenia • Köln • Kopenhagen • Korsika • Kreta • Krim/Schwarzmeerküste • Kuba • Lanzarote • La Palma • Leipzig • Libanon • Lissabon • Lofoten • Loire-Tal • London • Luxemburg • Madagaskar • Madeira • Madrid • Mailand/Lombardei • Malediven • Mallorca • Malta • Mark Brandenburg • Marokko • Masurische Seen • Mauritius • Mecklenburger Seenplatte • Menorca • Mexiko • Mosel • Moskau • München • Namibia • Nepal • Neuseeland • New York • Normandie • Norwegen • Oberbayern • Oberital. Seen • Oberschwaben • Österreich • Ostfries. Inseln • Ostseeküste: Mecklbg.-Vorp. • Ostseeküste: Schlesw.-Holst. • Paris • Peking • Peloponnes • Pfalz • Polen • Portugal • Potsdam • Prag • Provence • Rhodos • Rom • Rügen • Rumänien • Rußland • Salzburg/Salzkammergut • San Francisco • Sardinien • Schottland • Schwarzwald • Schweden • Schweiz • Seychellen • Singapur • Sizilien • Slowakei • Spanien • Spreewald/Lausitz • Sri Lanka • Steiermark • St. Petersburg • Südafrika • Südamerika • Südengland • Südkorea • Südsee • Südtirol • Sylt • Syrien • Taiwan • Teneriffa • Tessin • Thailand • Thüringen • Tirol • Tokio • Toskana • Tschechien • Tunesien • Türkei • Türk. Mittelmeerküste • Umbrien • Ungarn • USA • USA: Neuengland • USA Ost • USA Südstaaten • USA West • Usedom • Venedig • Vietnam • Wales • Die Wartburg/Eisenach und Umgebung • Weimar • Wien • Zürich • Zypern • Die 30 tollsten Ziele in Europa • Die tollsten Hotels in Deutschland • Die tollsten Restaurants in Deutschland

Die Marco Polo Redaktion freut sich, wenn Sie ihr schreiben:
Marco Polo Redaktion, Mairs Geographischer Verlag
Postfach 31 51, D-73751 Ostfildern

Unsere Autoren haben nach bestem Wissen recherchiert. Trotzdem schleichen sich manchmal Fehler ein, für die der Verlag keine Haftung übernehmen kann.

Titelbild: Plaza de España mit Cervantes-Denkmal (Klammet)
Fotos. Baumll (86, 94); Frei (30, 39, 76, 89); Kallabis (18, 72, 77, 86); Mauritius: Messerschmidt (4, 61), Rossenbach (22), Vidler (15, 20, 26, 58); Schapowalow: Heaton (23, 42, 75), Komine (54), Messerschmidt (Umschlagklappe vorn, 9, 24, 32, 40), Nacivet (78), Sperber (51); Schuster: Barnes (12); Transglobe: Harney (48, 83), Wishnetsky (67), Zone 5 (62)

3., aktualisierte Auflage 1995
© Mairs Geographischer Verlag/Hachette
Gestaltung: Thienhaus/Wippermann (Büro Hamburg)
Kartographie: Mairs Geographischer Verlag, Hallwag
Sprachführer: In Zusammenarbeit mit Ernst Klett Verlag für Wissen und Bildung GmbH,
Redaktion PONS Wörterbücher

Printed in Germany
Gedruckt auf 100% chlorfreiem Papier

INHALT

Entdecken Sie Madrid!

Eine Stadt, die das Leben feiert. Lernen Sie die Menschen, die Kunst und Kultur, die Küche und ihre Feste kennen!

Madrid ist eine ziemlich triste Stadt und eine dürftige Kapitale«, berichtete ein französischer Reiseschriftsteller nach einem Aufenthalt in der spanischen Hauptstadt, und er fügte eine Liste an, was ihm alles mißfiel. So sei die Umgebung, weit davon entfernt schön zu sein, nichts als Einöde. Kein Fluß erfreue die Sinne, denn der Manzanares führe ja drei Viertel des Jahres kein Wasser. Es gebe keine Sehenswürdigkeiten, vergebens suche man nach Kirchen oder öffentlichen Gebäuden, die Interesse verdienten, kurz: Madrid sei eine Stadt, die keine Spuren hinterlasse, und der Gesamteindruck sei unbedeutend und vulgär.

Sie haben es natürlich längst gemerkt: Eugène Poitou ist nicht einer aus der Millionenschar von Besuchern, die es seit dem Beginn der achtziger Jahre nach Madrid zieht, das seitdem als »die aufregendste Metropole Europas« gilt. Er wandelt nicht auf »dem heißesten Pflaster« unseres Kontinents; der brodelnden Dreimillionen-Metropole, die kaum müde wird, ihre nach langer Diktatur gewonnene Freiheit auszuleben.

Sein Madrid mit nur 200 000 Einwohnern war das der Mitte des 19. Jahrhunderts, Hauptstadt eines von Bürgerkriegen zerrissenen Landes.

Aber selbst damals, lange bevor die neue Freiheit die Stadt zum Touristen-Mekka gemacht hat, gab es Leute, die Madrid »himmlisch« fanden, und das waren die Madrilenen selbst. Als echte Hauptstadt-Chauvis pflegten sie ihr Madrid als eine Vorstufe zum Himmel zu betrachten. Aber mit ihrem *de Madrid al cielo* sind sie zurückhaltend geworden, seit Madrid boomt und von den gängigen Großstadtplagen Wohnungs- und Parknot, Verkehrsmisere und Luftverschmutzung heimgesucht wird.

Die nur 50 Kilometer vom Stadtkern entfernten Hausberge bieten im Sommer Kühlung bei der infernalischen Hitze und im Winter Skifreuden. Dort sind

Blick auf die Puerta de Alcala, eines der Wahrzeichen Madrids, und die Calle de Alcala

5

Spaziergänge durch Madrid

Verträumt

Auf der *Plaza de la Paja*, wo früher einmal die Landleute ihr Stroh ablieferten, kann man sich vom verträumten Charme beeindrucken lassen. Man sollte einen Rundgang machen, einen Blick auf die Bischofskapelle und die Kirche San Andrés werfen, und dann weiterspazieren zur *Plaza Morería*, wo man das Zentrum der alten Maurenstadt mit den Straßen *Caños Viejos, Toro* und *Alamillo* betritt, die nichts von dem nahen Großstadtgetriebe erkennen lassen.

Luxus

Wenn man an der *Puerta de Alcalá* in die *Calle Serrano* einbiegt, kann der Bummel zum Luxus des vornehmen *Barrio de Salamanca* beginnen. Hier führt der Weg an den Schätzen vieler Juweliere und Antiquitätenhändler vorbei. In der *Claudio Coello* und den Nebenstraßen ist man dagegen in der Welt der Kunstgalerien, und in der *Ortega y Gasset* kommt man von einer Boutique zur anderen.

Lebensfreude

Ein nächtlicher Bummel über die Promenade der *Paseos Recoletos* und *Castellana* ist ein Erlebnis. Man kommt an unzähligen Caféterrassen vorbei, auf denen es besonders lebhaft zugeht, je weiter die Nacht vorgerückt ist. Man braucht sich nur treiben zu lassen und zu schauen.

Gelehrt

Der Spaziergang durch die *Ciudad Universitaria* beginnt am Moncloa-Platz mit zwei für den »imperialen« Stil des Franco-Regimes typischen Bauwerken, dem »Klein-Escorial« der Luftwaffenleitung und dem *Arco de la Victoria* zu Ehren der Bürgerkriegssieger. Die Universitätsstadt war Frontgebiet im Kampf um das belagerte Madrid, und dabei wurde die 1927 gegründete erste Campus-Universität Europas völlig zerstört.

1943 wurden die ersten, stark am Bauhausstil orientierten Bauten, das Fakultätsgebäude und Wohnheime, wieder eingeweiht. Der Gang über das 320 Hektar weite Gelände kommt dem Nachvollziehen von über 50 Jahren spanischer Architekturgeschichte vom Funktionalismus bis zum Pop gleich. Große Beachtung fand das zu seiner Zeit avantgardistische Fernheizungswerk, und lange erhitzten sich die Gemüter an dem weithin sichtbaren Rundbau des Instituts für Konservierung und Restaurierung von Kulturgütern mit seiner bizarren »Dornenkrone« aus 56 spitz in den Himmel ragenden Glaszacken. Ganz aus dem modernen Rahmen fällt das platereske Portal des ehemaligen Altstadthospitals *La Latina* an der Architekturschule. Alle Gebäude sind eingerahmt von viel erholsamem Grün.

auch noch immer Kolonien von riesigen Greifvögeln zu Hause. Gelegentlich zeigen sich schon mal Gänsegeier oder die in der Welt so raren Mönchsgeier über der Stadt.

Das Gesicht Madrids hat viele neue Züge bekommen, seit sich das Land mit der Demokratisierung in fast atemberaubendem Tempo europäisiert hat und aus einer verschlafenen Bürokratenstadt ein bedeutendes Zentrum für Industrie, Handel, Finanzen, Kongresse, Kultur und Mode geworden ist, das mancher traditionellen Metropole den Rang abläuft.

Die Umwandlung der Franco-Diktatur zur Demokratie gilt heute als Vorzeige-Modell. Daß ausgerechnet die als »unregierbar« geltenden Spanier dazu fähig waren, fasziniert die Welt und lockte einen Strom von Besuchern an.

Die Madrilenen akzeptierten alles Neue mit derselben Bereitschaft und Toleranz, die sie seit eh und je Zugereisten entgegenbringen. Madrid ist, so sagte schon Pedro Calderón de la Barca, »ein Vaterland für jedermann, in ihrer kleinen Welt sind Einheimische und Fremde gleich geliebte Söhne«.

Madrilene ist man nicht von Geburt, sondern man wird es aus Neigung. Carmen Martín Gaite, zeitgenössische Romanautorin, für die Madrid »die unkonventionellste, offenste Stadt der Welt« ist, sagt schlicht: »Wir sind alle aus Madrid.« Sie selbst ist eine aus Salamanca zugewanderte Madrilenin, die für viele spricht, die sich »schon nach zwei Monaten in eingefleischte Madrilenen verwandeln«.

Früher blieben Besucher nur gerade lange genug, um die Schätze des Prado-Museums zu betrachten. Für sonstige Eigenarten und Schönheiten der Stadt ließen sie sich kaum Zeit. Ohne Frage ist die Pracht-Pinakothek auch heute eine Reise und möglichst mehrere ausgiebige Rundgänge wert. Sie bedarf auch kaum der Anpreisung. Aber wenn sich ein so gnadenloser Kritiker Madrids wie Monsieur Poitou angesichts dieses Kunsttempels zu Überschwang hinreißen läßt, sollte man ihn doch wohl zu Worte kommen lassen: »Was für ein Wunder!« schwärmte er. »Ich bin ganz geblendet. Meine Augen sind voll von leuchtenden Bildern, auf meiner Erinnerung lasten Meisterwerke, mein Geist ist von soviel Bewundern ganz erschöpft. Hier sind Schätze, die zehn Museen zusammen mit Stolz erfüllen würden. Es heißt, das Madrider Museum sei das reichste der Welt, und das ist keine Übertreibung. Was Ursprungsländer und die historische Entwicklung der Kunst angeht, ist der Louvre wohl vollständiger. Aber als Ansammlung von Meisterwerken gibt es, glaube ich, nicht einmal in Italien Ähnliches.«

Madrid ist heute eine Kapitale der Kunst, die nicht nur wegen ihrer alten Meister gesucht ist. Junge Künstler erregen internationales Aufsehen, locken immer mehr Sammler und Händler aus dem Ausland an. Ganz Madrid feiert die Kunst, jede Ausstellung ist ein Ereignis und keineswegs mehr die Domäne einer Bildungselite. Die Kunstbegeisterung manifestiert sich zur Verblüffung ausländischer Teilnehmer seit 1982 alljährlich im Februar mit Hunderttausenden von Besuchern der Internationalen Kunstmesse ARCO.

Auch musiziert wird mehr denn je. Rock, Pop, Jazz und Klassik tönt aus Lokalen und auf Straßen, und ein neues großes Konzerthaus zieht immer mehr Musikfreunde an. Auch Theaterfreunde kommen nicht zu kurz mit 30 Bühnen, Festivals und Gastspielen ausländischer Theater- und Tanzgruppen.

Die schönste Bühne ist aber die Stadt selbst. Das Straßenpflaster sind die Bretter, auf denen die Madrilenen mit ihrer mitreißenden Art zu leben zugleich Akteure und Zuschauer sind. Gespielt wird ohne Drehbuch mit wechselnden Schauplätzen und ständiger Bewegung.

Diese Bewegung, die einige Jahre lang als *Movida* international Furore gemacht hat, war keine Erfindung der achtziger Jahre des politischen, gesellschaftlichen und kulturellen Aufbruchs. Es gab sie schon immer. Sie ist ein wesentliches Element des Madrider Lebens, mit Wurzeln in der Folklore und einem etwas oberflächlichen Amüsiertrieb. »Madrid ist eine Stadt, die das Leben feiert. Sie besitzt die Gabe, auf weise und vernünftige Art zu leben«, meinte der Philosoph José Ortega y Gasset mit der Autorität des gebürtigen Madrilenen.

In vielen irrationalen und tragischen Zeiten der Stadtgeschichte wurde diese Gabe auf harte Proben gestellt. Man braucht nur an das *No pasarán!* der Verteidiger Madrids gegen die anrückenden Franco-Kolonnen zu denken. General Vicente Rojo, Generalstabschef der repu-

bliktreuen Truppen, hat in seinem Buch über den Kampf um Madrid gesagt: »Madrid kämpfte, litt, arbeitete, dachte . . . Madrid lebte auf gepeinigte Weise, aber es lebte.« Er widmete das Buch übrigens »der anonymen, selbstlosen, heroischen, inmitten aller Schrecken, Ängste und Hoffnungslosigkeit beispielhaften spanischen Frau. Sie verkörperte zu jeder Stunde der Schlacht von Madrid alle nur denkbaren Tugenden.«

Heute merkt man den Madrider Frauen nicht mehr an, daß ihnen von Regime und Kirche wieder die traditionelle Rolle zugewiesen worden war. Sie haben auf allen Gebieten aufgeholt und dabei sogar manche europäische Nachbarin überholt. Sie sitzen an vielen beruflichen Schaltstellen und sind überall dabei, wo sich Madrid bewegt, wo man sich zum Plaudern oder Diskutieren trifft: auf Straßen und Plätzen ebenso wie in den vielen Lokalen der Stadt.

Die Stadtverwaltung kennt 11 023 Bars, 1024 Cafés, 1300 Diskotheken und 50 Tascas oder Tabernas, die mit ihren bunten Kachelwänden, Zinn- oder Zinktresen und ihrer anheimelnden Atmosphäre beliebte Treffpunkte sind. Vor rund 400 Jahren, als Madrid die noch junge Hauptstadt des Weltreichs Spanien war, wurden 391 Tascas oder Tavernen gezählt. In der Straße Toledo soll es sogar in jedem zweiten Haus eine dieser Schenken gegeben haben, und eine Altstadtstraße heißt noch heute *Tabernillas*.

Die Stadt scheint nie zu schlafen. Das quirlige Leben setzt sich bis tief in die Nacht fort. Daß man sich auch erst zu ausgedehnten Abendessen zu Tisch setzt, wenn anderswo die Nachtruhe beginnt, könnte zu dem Trugschluß verleiten, daß Madrid eine Stadt von Müßiggängern ist. In Wirklichkeit geht die Mehrheit der Menschen einer geregelten Tätigkeit nach, wenn sie auch morgens ein bißchen langsam auf Trab kommen.

Die Unterschiede zwischen den einzelnen Stadtvierteln, den *Barrios*, sind so groß, daß Einheimische von ihrer Stadt als *los Madriles* sprechen. Jedes Viertel hat seine Eigenart. Welten scheinen die Altstadt von den sich immer weiter nach Norden schiebenden Stadtteilen zu trennen.

Verbunden sind sie durch die große prächtige Allee der Süd-Nord-Achse, die vom Bahnhof Atocha bis zum nördlichen Stadtrand reicht. Der äußerste Norden, das ist das moderne Madrid der Wohnquartiere für Arrivierte und der Bürotürme.

In der Altstadt mit ihrem Gewirr enger und engster Gassen, Treppen und lauschiger Plätzchen könnte man dagegen meinen, daß die Zeit stehengeblieben sei. Dort sind auch die meisten der traditionellen Tavernen, der für Kastilien typischen *Mesones* und unzählige skurril anmutende alte Läden und ehrwürdige Handwerksbetriebe zu finden.

Ganz anders geht es im eleganten *Barrio de Salamanca* zu, dem aristokratisch-großbürgerlichen Viertel auf dem rechten »Ufer« der großen Achse. In diesem Viertel atmet alles Wohlstand. An den Straßen *Serrano, Ortega y Gasset* und ihren Parallelen haben sich die feinsten Boutiquen und viele Kunstgalerien niedergelassen. Dort konzentrieren sich die Läden der internationalen Mode, und hier ist auch Spaniens Mode-Jungstar Sybille zu Hause. Ähnlich elegant, doch

Ein Atriumhof lädt zum Bummeln ein

9

weniger kommerziell, ist das Botschaftsviertel *Almagro* gegenüber der Achse auf dem »Rive Gauche«. Auf beiden Seiten trägt man, ganz besonders die bis in die Fingerspitzen gepflegten älteren Herrschaften, das Nonplusultra der Eleganz, teuerste Einfachheit. Die Uniform der Töchter und Enkel ist weniger konventionell und folgt eigenen Regeln.

Die Madrilenen sind modebewußt und legen, unabhängig von Wohngegend und Geldbeutel, großen Wert auf Kleidung. Neueste und verwegenste Modeeinfälle werden schnell aufgenommen und erhalten durch ausgeprägtes Stilempfinden individuellen Pfiff.

Eine neue Generation von Modemachern hat sich internationale Märkte erobert. Die neue Designer-Szene wird offiziell kräftig mit der Modenschau *Pasarela de Cibeles* zweimal im Jahr unterstützt und hat um die Straßen *Almirante, Conde de Xiquena* und *Argensola* ein neues Modezentrum gebildet.

Ein böser Störfaktor in der Welt von Wohlstand und Luxus sind die Zeichen des Elends der Randgruppen an der südlichen Peripherie: Drogenhandel, weibliche und männliche Straßenprostitution und Kleinverbrechen.

»Geschichtslos« ist Madrid oft gescholten worden. Tatsächlich sucht man vergebens nach Zeugen etwa des klassischen Altertums. Die Straßen der Römer, die bis zu ihrer Verdrängung durch die *Visigodos* genannten Westgoten die Iberische Halbinsel beherrscht hatten, ließen das Gebiet der heutigen Metropole

links liegen. Es wurde erst von den Mauren, den 711 in Iberien eingefallenen Berbern und Arabern, entdeckt. Der Emir Mohammed I. errichtete dort, wo heute der Königspalast steht, als Bastion gegen die christliche Reconquista eine Festung mit *Alcázar* (Burg) und winziger Medina.

Die Christen erweiterten den Mauergürtel, errichteten Kirchen und Klöster. Die Mauren siedelten sich außerhalb des südlichen Stadttors an, und beide ethnisch-religiösen Gruppen lebten mit den ansässigen Juden einträchtig zusammen. 1492, im Jahr der Entdeckung Amerikas und des endgültigen Sieges der Christen über die Muslime mit der Einnahme Granadas, war es mit dieser Toleranz vorbei.

Die »Katholischen Könige« vertrieben bekehrungsunwillige Juden und setzten die Inquisition zur Überwachung der Glaubensreinheit ein. Ihr Enkel Karl I., als deutscher Kaiser Karl V., begründete die Habsburger Dynastie in Spanien. Nach dem Sieg von Pavia 1525 hielt er Frankreichs König Franz I. ein Jahr lang im *Alcázar* gefangen. 1561 machte Philipp II. Madrid zur Hauptstadt des Reiches »in dem die Sonne nicht unterging«. Der Adel baute sich Paläste, Philipp baute in den Bergen sein Escorial. Der Hauptstadt verlieh er wenig Glanz. Das taten ab 1700 die Bourbonen, die sich mit Philipp V. auf Spaniens Thron einrichteten. Das Reich schrumpfte, aber die Stadt schmückte sich mit prächtigen Bauten. Sein Sohn Karl III. wurde zu Madrids »bestem Bürgermeister«, denn er förderte nicht nur Künste und Wissenschaften, sondern sorgte auch für Hygiene und Beleuchtung. Die Schwäche seines Sohns Karl IV. provozierte die Besetzung Madrids durch napoleonische Truppen. Am 2. Mai 1808 stellten sich ihnen die Madrider in einem blutigen Aufstand entgegen, den Goya in zwei Gemälden überliefert hat.

Nach einer Kette von Putschen um die liberale Verfassung von 1812 und Karlistenkriegen um die weibliche Thronfolge stürzte eine Revolution 1868 Isabella II. Fünf Jahre danach wurde die Erste Republik ausgerufen. Nach weiteren elf Monaten hatte das Land wieder einen König. 1931 wurde Spanien erneut Republik. Alfons XIII. ging ins Exil. Vier Jahre später lösten putschende Militärs um General Franco den dreijährigen Bürgerkrieg aus. Die Diktatur des Siegers dauerte bis zu seinem Tod am 20. November 1975. Schon zwei Tage darauf wurde Juan Carlos I. König.

Den maurischen Ursprüngen der Stadt ist man auf dem Platz zwischen Königspalast und der Kathedrale *La Almudena* ganz nah. Das schroff abfallende Gelände bietet nicht nur einen herrlichen Panoramablick auf die Berge. Man erkennt auch, warum es dem Emir strategisch gefiel. An die Mauern erinnern heute nur noch ein paar Mauerreste.

Den grandiosen Königspalast der Bourbonen kann man besichtigen. Die Monarchen wird man kaum zu sehen bekommen, denn sie residieren außerhalb der Stadt und nutzen den Prunkbau nur bei offiziellen Anlässen. Auch das Kommen und Gehen am Sitz des Regierungschefs kann man nicht beobachten,

denn der stark abgeschirmte Moncloa-Palast liegt nicht in der Innenstadt. Selbst der Weltreich-Nostalgiker Franco residierte lieber in dem intimeren Pardo-Palast, einem früheren Jagdschloß, das heute Staatsgästen als Herberge dient.

Im Madrid der »Austrias« genannten Habsburger glaubt man sich auf den Spuren ganz früher Geschichte. Mittelalterlich ist aber nur die krause Topographie aus gewundenen Gassen und romantischen Winkeln. Die geduckten Adobehäuser der ersten Besiedlung sind längst mehrgeschossigen Gebäuden gewichen. Aber daß hier einmal das Herz des Weltreichs schlug, spürt man doch. Man sieht es an den verbliebenen Adelspalästen, auf der großartigen *Plaza Mayor* und der *Puerta del Sol*, und noch immer ist die *Plaza de la Villa* mit dem Rathaus das Zentrum der Stadt.

In der Architekturgeschichte hat Madrid als Spätankömmling unter den europäischen Hauptstädten frühe Kapitel überschlagen. Sie beginnt erst mit dem Barock. An der »Kunstmeile« des *Paseo del Prado* präsentiert sich das klassizistische Madrid der Bourbonen.

Auf den Spuren des Goldenen Zeitalters wandelt man im »Dichterviertel« nahe der *Plaza de Santa Ana*, wo Cervantes, Lope de Vega, Góngora, Quevedo und Moratín wohnten und schrieben. Nicht weit ist die *Plaza Tirso de Molina*, wo man eine unsichtbare Grenze zu den Kleineleutevierteln, der *Barrios bajos* mit der alten Judenstadt *Lavapiés* überschreitet, deren volkstümliche Typen der Majas und Majos Goyas Pinsel und Stift festgehalten haben.

Was schauen wir an?

Wir stellen Ihnen das alte und das moderne Madrid vor und empfehlen Gebäude und Plätze, Parks und Alleen, die Sie unbedingt sehen sollten

Man muß dieser Stadt ein bißchen Zeit geben, damit sie ihre Eigenart und ihren Zauber auf Besucher entfalten kann. Man sollte also nicht von einer mit Sternchen markierten Sehenswürdigkeit zur anderen hetzen. Manches davon, das gesteht sogar wer Madrid gut kennt und liebt, kann sich wohl ohnehin nicht mit augenfälligeren Schönheiten anderer Touristenorte messen. Der große Reiz der Stadt liegt in der Art, wie die Madrilenen die Mauern der Stadt mit Leben füllen und sie dem aufmerksamen Betrachter liebenswert machen.

Auf den ersten Blick kann die Gesamtansicht Madrids sogar abschreckend wirken. So zum Beispiel, wenn man sich ihr von einer der Zugangsstraßen nähert und sie sich mit ihrer gezackten Wolkenkratzer-Silhouette als Steinmeer präsentiert. So ahnt man kaum, daß Madrid die Großstadt Europas mit den meisten Grünflächen im Verhältnis zum bebauten Raum ist. Die Stadt hat sich darüber hinaus, und trotz aller Modernisierung, Ursprünglichkeit bewahrt. Sie gibt sich eher spröde und will so genommen werden, wie sie ist.

Wer ihr nahekommen und sie wirklich kennenlernen will, muß sich so oft wie möglich zu den Madrilenen gesellen, in Bars und Cafés oder einfach auf den Bänken der vielen kleinen Plätze. Und es empfiehlt sich, in den Altstadtvierteln zu bummeln, wo manche Straßen ohnehin für Fahrzeuge zu eng sind. Aber nicht nur die Altstadt, auch die neueren und neuesten Viertel sind Madrid, die Fassaden der *Gran Vía* mit ihrem überladenen Dekor ebenso wie die modernen Bürotürme. Selbst das Megalomanische der Franco-Ära gehört dazu, ist Teil ihrer Geschichte. Der Reiz des Viertels der Habsburger mit seiner mittelalterlichen Enge, seinen romantischen Winkeln und historischen Bezügen erschließt sich leicht. Eindrucksvoll sind auch die schönen klassizistischen Bauten aus der Zeit der Bourbonenkönige.

Der Palacio Real ist ein Monument aus Madrids Glanzzeit

13

Wenn man mit offenen Augen durch die Straßen streift, entdeckt man auch ganz unvermutet Schönes in anderen Stadtteilen, wie zum Beispiel herrliche schmiedeeiserne Balkongitter. Fassaden zu betrachten ist auch in neueren Vierteln lohnend. Aber man sollte es nicht beim distanzierten Schauen belassen. Man könnte doch auf dem Teich im Retiro-Park rudern, wie es die spanischen Väter mit ihren Kindern so gern tun. Oder sogar, wenn dafür gerade Saison ist, einen Stierkampf in der berühmtesten Arena der Welt ansehen, auch wenn man eigentlich zu den Gegnern zählt. Mit wieviel mehr Durchschlagskraft könnte man doch dagegen protestieren, wenn man selbst schon mal dem Schauspiel beigewohnt hat.

Man sollte sich erst einmal einen Überblick verschaffen, und das kann man auf bequeme Weise bei einer Stadtrundfahrt, wie sie von Reisebüros angeboten wird. Wenn man sie auf eigene Faust unternehmen will, bietet sich der *Circular* genannte reguläre Bus an. Er fährt einen weiten Bogen mit den Stationen *Moncloa, Cuatro Caminos, Plaza de España, Puerta de Toledo, Embajadores, Manuel Becerra* Jede von ihnen ist für den Fahrtbeginn geeignet. Für schnelle Fortbewegung über weitere Strecken ist unbedingt die Metro mit ihrem recht gut ausgebauten Netz zu empfehlen. Autobusse stecken allzu oft im Verkehr fest. Die Metro ist sauberer als die Untergrundbahnen so mancher anderer Metropole und wird heute selbst in solchen Madrider Kreisen akzeptiert, die früher einmal ihre bloße Erwähnung als Zumutung empfanden.

Calle Mayor (B–C 5)

»Es gab kein Ereignis, sei es der Einzug von Königen und Königinnen, Besuche ausländischer Fürsten, Prozessionen, Bewegungen der Inquisition oder von Häftlingen zur Hinrichtung, Unruhen und *pronunciamientos* des 19. Jhs., bei dem diese Straße nicht das Szenarium gebildet hätte«, schrieb der Stadtchronist Pedro de Répide vor vielen Jahren. Aus dem Lebensnerv der mittelalterlichen Vorstadt ist eine kaum minder belebte Geschäftsstraße mit traditionellen Läden geworden, gesäumt von Häusern des 19. Jhs., deren üppiges Fassadendekor einen Blick wert ist. Aus dem 17. Jh. stammen zwei erhaltene Paläste nahe der Straße *Bailén*: der des Herzogs von Uceda, der seinen Vater, den berüchtigten Herzog von Lerma, aus der Gunst Philipp III. verdrängte — heute Sitz des Wehrbereichskommandos und des Staatsrats — und der *Palacio de Abrantes* mit dem italienischen Kulturinstitut. *Metro: Sol*

Gran Via (B–D 3–4)

Ein Hauch von Dekadenz umgibt diese Straße, mit der Madrid sich zu Beginn unseres Jahrhunderts einen kosmopolitischen Anstrich gab und dafür ein altes Stadtviertel opferte. Die *Gran Via* ist nicht mehr das wichtigste Geschäftsviertel, aber noch immer reihen sich Kino an Kino, Café an Café, und die pompösen Fassaden einer nachgeholten Gründerzeit sind durch Patina schon fast schön geworden. Der 1929 errichtete erste Wolkenkratzer Madrids, die *Telefónica*, war lange Wahrzeichen des Fortschritts. Und für den Charakter der Straße ist das weithin sichtbare Gebäude Metrópolis mit der geflügelten Viktoria als Krönung seiner reichverzierten Kuppel noch heute Symbol. *Metro: Banco*

Paseo del Prado (D–E 6–1)

Madrids Prachtallee durchzieht unter verschiedenen Namen elf Kilometer lang wie ein breiter Strom vom Süden bis zum äußersten Norden die Innenstadt und repräsentiert mit den einzelnen Etappen die Entwicklung der Stadt. Sie ist Promenade, wie der Name *Paseo* anzeigt, und zugleich wichtige Verkehrsachse. Von ihrem Ausgangspunkt am Atocha-Bahnhof mit dem nahen Kunstzentrum Reina Sofía bis zum Neptunsbrunnen ist sie mit dem Botanischen Garten, dem emblematischen Prado-Muse-

Die Gran Via

um und dem *Palacio Villahermosa* ein Stück Madrid der bourbonischen Aufklärer, dem sich später die beiden Luxushotels Ritz und Palace und der 30 Meter hohe Obelisk zu Ehren aller seit 1808 Gefallenen auf der *Plaza de la Lealtad* hinzugesellten.

MARCO POLO TIPS FÜR BESICHTIGUNGEN

1 Plaza Mayor
Einmalig schöner Platz
(Seite 25)

2 Retiro
Lustbarkeit unter Bäumen
(Seite 22)

3 Palacio Real
Monumentale Pracht
(Seite 19)

4 Iglesia de San Ginés
Krypta mit wertvoller
Kunst (Seite 17)

5 Real Jardín Botánico
Was man immer schon
über Pflanzen wissen
wollte (Seite 22)

6 Morería
Echtes Madrid im Maurenviertel (Seite 29)

7 Fuente de la Cibeles
Vergötternde Liebe zu
einer heidnischen Madrilenin (Seite 23)

8 Plaza de la Villa
Schönes, sehenswertes
Rathaus (Seite 24)

9 San Nicolás de Servitas
Alter Mudéjarturm
(Seite 19)

10 El Barrio de los Poetas
Zu Besuch bei Dichterfürsten (Seite 28)

Am Brunnenplatz *Cibeles* wird sie als *Paseo de Recoletos* Teil der Stadterweiterung des 19. Jahrhunderts, für deren großbürgerlichen Charakter der Palast des Marqués de Salamanca, heute Bankgebäude, Symbol ist. An der *Plaza de Colón* mit Brunnen, Kolumbussäule auf der *Plaza del Descubrimiento* und der Nationalbibliothek auf dem einen und Bürotürmen auf dem Westufer wird sie zum *Paseo de la Castellana* mit einigen verbliebenen Adelspalästen zwischen Bank- und Bürohäusern. Die jüngste Etappe der Prachtallee mit Wohnblocks für Aufsteiger und vielen Büro- und Banktürmen beginnt bei den neuen Ministerien, Ausdruck der Weltreichträume Francos. An diesem letzten Abschnitt sind neben einigen Bürohochbauten der Kongreßpalast mit Fassadenmosaiken Joan Mirós und das Fußballstadion Santiago Bernabeu bemerkenswert. *Metro: Atocha, Banco, Colón, Nuevos Ministerios, Plaza de Castilla*

BRÜCKEN

Puente de Segovia (A 5)

Spottverse der Dichter des »Goldenen Zeitalters« machten sie berühmt. Dabei galt der Spott eher dem wasserarmen Fluß Manzanares, den sie in 200 Meter Länge und 30 Meter Breite überspannt. »Verkauft die Brücke, oder kauft einen Fluß«, riet Lope de Vega. Die *Puente de Segovia* war Madrids erste feste Brücke, 1584 von Juan de Herrera, dem Baumeister Philipps II., errichtet. Durch Ausbau und Verstärkung büßte sie 1960 an ursprünglicher Harmonie ein. *Metro: Norte*

Puente de Toledo (O)

Als prächtiges Beispiel des nach einer Salmantiner Baumeisterfamilie *churriguresk* genannten, für Spanien typischen, überladenen Barockstils steht die Brücke über den Manzanares seit 1959 unter Denkmalschutz. Auf beiden Seiten erheben sich in ihrer Mitte auf den Brüstungen reichverzierte Säulen mit der Darstellung des Stadtpatrons, des Heiligen Isidro, und seiner Frau Santa María de la Cabeza. *Metro: Puerta de Toledo*

Viaducto (A 5)

Mit dem 1942 fertiggestellten Viadukt aus poliertem Eisenbeton mit mächtigen Stützbogen setzt sich die Straße *Bailén* vom Königspalast nach Süden über den 35 Meter tiefen Graben der Straße *Segovia* fort. 1979 wurde diese Konstruktion renoviert; die erste Eisenbrücke von 1872 war in Ermangelung eines Flusses mit ausreichender Wassertiefe ein gesuchtes Sprungbrett für Lebensmüde. *Metro: Opera*

FRIEDHÖFE

Cementerio de Carabanchel (O)

Die als Friedhofskapelle genutzte Einsiedelei *Santa María la Antigua* ist eine der wenigen Zeugen des mittelalterlichen Madrid. An dieser Landkirche aus dem 14. Jh. im Mudéjarstil sind Apsis, Ziegelportal und der für arabische Baumeister typische rechteckige Turm besonders bemerkenswert. *Metro: Carabanchel*

Cementerio de las Victimas del Dos de Mayo (A 3)

Nicht einmal alle Madrilenen kennen diesen Friedhof. Er besteht auch nur aus einem von

Zypressen gesäumten Pfad im *Parque del Oeste*. Hier bestatteten am 13. Mai 1808 Mitglieder der nahen Pfarrgemeinde von *San Antonio de la Florida* die am 3. Mai von einem napoleonischen Peloton erschossenen Madrider Aufständischen. Dem »Mut und Heroismus eines Volkes« ist die Grabplatte mit einer Nachbildung des Goya-Bildes »Der dritte Mai 1808«, eine Arbeit der nahen Keramikschule, gewidmet. *Metro: Norte, Arguelles*

Cementerio de Nuestra Señora de la Almudena (O)

Er ist Madrids Hauptfriedhof und mit seiner Größe der Metropole angemessen. Bemerkenswert sind vor allem die Kapelle mit Anklängen an die Wiener Sezession und das Hauptportal. Alljährlich am 9. Dezember pilgern Sozialisten zur Gruft ihres Parteigründers Pablo Iglesias, und im Januar 1986 begruben die Madrilenen dort ihren »alten Professor«, den beliebten Bürgermeister Enrique Tierno Galván. *Metro: Quintana*

Sacramento de San Isidro (O)

Er war der erste der Friedhöfe, die nach dem 1811 erlassenen Verbot der Beisetzung in Kirchen von Totenbruderschaften *(Cofradías Sacramentales)* angelegt wurden, und er hat die prächtigsten Grabstätten Madrids. Auch die von Goya verehrte XIII. Herzogin von Alba liegt hier begraben. Blickfang ist ein Pantheon mit einer Jugendstilskulptur, an der alles aufstrebende Bewegung ist. Der Friedhof liegt auf dem Westufer des Manzanares nahe der San Isidro gewidmeten Eremitage, um die sich die Madrile-

nen am Namenstag des Schutzheiligen ihrer Stadt, dem 15. Mai, zu Picknick, Spiel und Tanz versammelten. Ein Goya-Gemälde hat dieses Fest überliefert. *Metro: Marqués de Vadillo*

KIRCHEN

Iglesia de San Ginés (B 4)

★ Die Ursprünge dieser Kirche reichen weit zurück. Nach dem Einsturz ihrer Hauptkapelle entstand 1645 der gegenwärtige Bau, dessen Fassade nach dem Bürgerkrieg mit historisierenden Mudéjarziegeln versetzt wurde. Ein Kleinod ist die unter der Kirche liegende *Capilla del Cristo* mit wertvollen Kunstwerken, wie dem Greco-Gemälde »Die Austreibung der Wechsler aus dem Tempel«. Zugang nur bei Gottesdiensten. *Arenal 13, Metro: Sol, Opera*

Iglesia de San Plácido (C 3)

Im Auftrag Philipp IV. malte Velázquez für die von einer Dame des Hofes 1623 gestiftete Kirche sein berühmtes »Christus am Kreuz«, das heute im Prado hängt. Die Fresken der Kuppel stammen von Francisco Ricci, und für den Hochaltar malte Claudio Coello seine »Verkündigung«. *San Roque 9, Metro: Gran Via, Noviciado*

Nuestra Señora de la Almudena (A 5)

Seit dem 15. Juni 1993 ist diese nach langer, schleppender Bauarbeit schließlich im Eiltempo fertiggestellte Kirche Madrids Kathedrale. Papst Johannes Paul II. reiste eigens nach Madrid, um sie einzuweihen. Bis dahin hatte die Hauptstadt des katholischen

Spanien mit einem Provisorium leben müssen, seit sie nämlich 1883 mit der Gründung des Bistums Madrid-Alcalá erstmals das Anrecht auf eine Kathedrale erwarb. Da gerade 13 Jahre zuvor Santa María la Mayor de la Almudena, Madrids noch aus einer Moschee hervorgegangene Hauptkirche an der Calle Mayor, abgerissen worden war, war die neue Kirchenwürde erst einmal auf die ehemalige Jesuitenkirche in der Straße Toledo übertragen worden. Zugleich wurde der Kathedralbau geplant und auch in Angriff genommen. Neugotisch war der Stil der Zeit. Aber vertrug sich das, was da entstand, mit dem Barock des Königspalastes in hautnaher Nachbarschaft? Die späten Zweifel lösten einen neuen Architektenwettbewerb aus, und als Ergebnis wurde die bereits bestehende Neogotik in Neobarock eingehüllt. Immerhin wurde seit 1911 die neobyzantinische Krypta als Pfarrkirche genutzt. Zwei Kunstwerke machen ihre Anziehung aus: eine aus dem 16. Jh. stammende schöne Nachbildung der von den Christen in der maurischen Festungsmauer gefundenen Marienstatue *Almudena*, die ihren Namen von der arabischen Feste *Al-mudayna* bezieht, und das aus der zerstörten *Santa Maria* geborgene Gemälde *Virgen de la Flor de Lis* aus dem 12. Jh. Zugang zu beidem bei Gottesdiensten. *Bailén, Metro: Ópera*

San Francisco el Grande

Seit 1860 ist die Kirche auch Pantheon für illustre Geister. Die Überreste Calderóns und Quevedos wurden dahin überführt. *Eintritt 50 Ptas. Tgl. außer So und Mo, im Winter 11–13 und 16 bis 19 Uhr, im Sommer 11–13 und 17 bis 20 Uhr, San Buenaventura 1, Metro: Latina*

San Antonio de los Alemanes (C 3)

Lohnend ist der ovale Innenraum mit Fresken, die Wände und Kuppel völlig ausfüllen. Francisco Ricci und Juan Carreño malten sie, und Lucas Giordano setzte ihr Werk fort. Die seit 1972 unter Denkmalschutz stehende Kirche von 1633 war erst Hospital für die von 1580 bis 1640 der spanischen Krone unterstehenden Portugiesen. Nach der Lösung Portugals von Spanien machte Marie Anna von Österreich, Gemahlin Philipps

Real Basilica de San Francisco el Grande (A 6)

Für einen Kapellenaltar dieses Kirchenbaus aus dem 18. Jh. mit Riesenkuppel malte Goya »Die Predigt des heiligen Bernhard«.

IV., daraus ein Refugium für kranke oder bedürftige Deutsche. *Corredera Baja de San Pablo 16, Metro: Gran Vía, Callao*

San Jerónimo el Real (E 5)

Mehr als die neogotische Konstruktion interessiert die Geschichte dieser Kirche auf einem Hügel hinter dem Prado, die seit 1925, wohl wegen ihrer Bedeutung für die Königshäuser, unter Denkmalschutz steht. Sie war Teil einer Klosteranlage der Hieronymitenmönche, die von den Katholischen Königen 1503 aus der weiteren Umgebung Madrids an den heutigen Platz verlegt wurde. Philipp II. zog sich in Fasten- und Trauerzeiten, aber auch zu Jagd und Zerstreuung gern dahin zurück. Von dem ursprünglichen Kirchenbau stehen nur noch Reste des Renaissance-Kreuzgangs. Zu den jüngsten großen Akten in dieser bei den Schönen und Reichen für Hochzeiten beliebten Kirche zählen die Trauung Alfons XIII. 1906 mit Victoria Eugenia von Battenberg und die Krönungsmesse für Juan Carlos I. am 22. November 1975, zwei Tage nach Francos Tod. *Moreto 4, Ecke de la Academia, Metro: Banco, Retiro*

San Nicolas de los Servitas (B 5)

★ Bemerkenswert an dieser kleinen einschiffigen Kirche aus dem 14. Jh. mit ihren Elementen der Gotik und des Mudéjarstils ist der Mudéjarturm aus dem 12. Jh., vermutlich der älteste erhaltene Turmbau Madrids. *Plaza de San Nicolás, Metro: Ópera*

San Pedro el Viejo (B 5)

Eine wahrscheinlich auf den Trümmern einer Moschee errichtete kleine dreischiffige Kirche aus dem 15. Jh. mit gotischen Elementen. Der 1354 gebaute Turm ist typisch für den toledanischen Mudéjarstil. *Nuncio 14, Metro: Latina*

PALÄSTE UND HÄUSER

Casa Longoria (D 3)

Dieses im Jahre 1902 für den Bankier Longoria gebaute Eckhaus mit seiner reichen Ornamentik nimmt sich wie ein Import aus dem Barcelona Antoni Gaudís aus und ist eines der wenigen Jugendstilbeispiele in Madrid. Bemerkenswert ist innen das runde Treppenhaus. *Fernando VI. 6, Ecke Pelayo 61, Metro: Alonso Martínez*

Palacio Real (A 4)

★ Mit *Campo de Moro*, Sabatini-Gärten, *Plaza de Oriente* und Kutschenmuseum. Der Prachtbau imponiert durch seine Größe ebenso wie durch Architektur und Lage. Das um einen Innenhof errichtete Quadrat aus Granit und Kalkstein, von dem jede Seite an die 500 Meter mißt, ist nach allen Himmelsrichtungen weithin sichtbar.

Am 24. Dezember 1734 zerstörte ein Brand den vielfach erweiterten *Alcázar*. Unersetzliche Kunstschätze gingen dabei verloren. Unter dem prachtliebenden Bourbonen Philipp V. wurde der neue Palast von dem Piemontesen Giovanni Bautista Sacchetti mit Anklängen an Berninis Louvre-Pläne errichtet. 1764 zog Karl III. hier ein. An den Fassaden ist der Barock durch Einflüsse des italienischen Klassizismus gebändigt, im Innern jedoch wuchert er üppig. Zur Dekoration trugen große Meister mit Fresken bei, so Conrado Giaquinto im Deckengewölbe der grandiosen zweiläufigen Haupttreppe, die vom Eingang an der *Plaza de Armería* zu dem mit rotem Samt ausgeschlagenen Thronsaal mit den Deckenfresken Giambattista Tiepolos führt. In scheinbar endloser Folge reiht sich mit Stuck, Gold und Brokat Saal an Saal, Gemach an Gemach. Überaus reizvoll ist die ganz mit bemalten Porzellanplatten ausgekleidete *Sala de Porcelana*. Was von beweglichen Kunstwerken nicht zum Prado gebracht wurde, konzentriert sich, durchaus sehenswert mit Werken von Velázquez, El Greco, Rubens, Caravaggio, Watteau, Houasse und Goya neben kostbaren Wandteppichen in 15 Sälen. Eine wahre Schatzkammer aber ist die Bibliothek mit ihren unzähligen wertvollen Inkunabeln, Manuskripten, Stundenbüchern, Stichen, handschriftlichen Noten, kolorierten Landkarten und Prachteinbänden aus Leder. Und neben der königlichen Apotheke mit alten Glas-, Porzellan- und Keramikgefäßen verdient vor allem die Königliche Waffensammlung, eine der bedeutenden der Welt, mit historischen Rüstungen, Schwertern und Feuerwaffen Interesse.

Frei zugänglich sind die Parkanlagen im Norden und Westen, die Sabatini-Gärten und der zum Manzanares abfallende *Campo de Moros*, der nur bei offiziellen Empfängen geschlossen wird. *Schloßbesichtigung nur in Gruppen mit Führung. Tgl. 9—18 Uhr, So und Feiertage 9—15 Uhr. Eintritt 850 Ptas., Studenten und Rentner 350 Ptas., Mi gratis. Bailén, Metro: Ópera, Plaza de España*

Plaza de Oriente (B 4)

Dem ungeliebten, spöttisch »König der kleinen Plätze« genann-

Der Königspalast an der Plaza de Oriente (Westseite)

ten Joseph Bonaparte ist der erste Schritt zu diesem herrlichen Platz zu verdanken, der den Blick auf die Ostfassade des *Palacio Real* freilegt. Seit 1843 steht auf hohem Podest in der Mitte das in Florenz von Pietro Tacca gegossene Reiterstandbild Philipp IV. Galileo Galilei half dabei, das Statikproblem des springenden Pferdes durch eine ausgeklügelte Balance zwischen hohlen und massiven Körperteilen zu meistern. An den Seiten des Platzes stehen unter Platanen Statuen spanischer Könige von den Goten an, die ursprünglich die Attika-Balustrade des Palastes zieren sollten. *Metro: Plaza de España, Ópera*

Museo de Carruajes (O)
Gezeigt werden rund 50 Kutschen aus dem königlichen Wagenpark, vorwiegend aus dem 18. und 19. Jh. Zehn Kutschen steuerte das Parlament bei, auch eine Gala-Berline seines Präsidenten. Eine Kinderkutsche, Schlitten, Sänften, Zaumzeug, Peitschen und anderes Zubehör komplettieren die Sammlung. *Vorübergehend wegen Renovierung geschlossen. Paseo Virgen del Puerto, Metro: Norte, Ópera*

Palacio Santa Cruz (B 5)
Seit 1900 ist dieser Palast Sitz des Außenministeriums. Dort wo heute Beamte und Diplomaten ein- und ausgehen, saß einmal der Dichter Félix Lope de Vega ein, denn der von 1629 bis 1643 errichtete Palast war zunächst Staatsgefängnis. Der symmetrisch um zwei quadratische Innenhöfe angelegte Rotsteinbau orientiert sich am alten *Alcázar* und ist mit den schiefergedeck-

ten quadratischen Ecktürmen ein Beispiel für den Baustil der Habsburger. *Plaza de las Provincias, Metro: Sol, Tirso de Molina*

PARKS UND GÄRTEN

Casa de Campo (O)
1747 Hektar Wald, Wiese, Hügel und See stehen seit 1931 den Madridern für Freizeit, Erholung und Sport zur Verfügung. Bis dahin waren sie königliches Jagdgelände. Man kann wählen zwischen Spazieren und Laufen, Zoo, Sportanlagen, Gartenlokalen und einem Vergnügungspark für die Kleinen *(Parque de Atracciones)*, der direkt mit einer Seilbahn vom *Paseo de Rosales* zu erreichen ist. *Marqués de Monistrol, Avenida de Portugal, Metro: Norte, Lago, Batán*

»El Capricho« de la Alameda de Osuna (O)
Dieser Park ist in seiner Vielfalt und Rokoko-Verspieltheit ein kleines Juwel. Er war einmal die »Laune« der ebenso gebildeten wie lebensfrohen Herzogin von Osuna, die von Goya mehrfach porträtiert wurde. Heimische und exotische Bäume, Statuen und Brunnen, Pavillons und Gewässer mit Bootsanlegern bildeten die Kulisse für Theater und Feste. Die Stadt Madrid, der die Anlage heute gehört, hat den Park sehr sorgfältig restaurieren lassen. Die Restaurierung des klassizistischen Palastes kommt nicht voran. *Bus: 104, 105, 115*

Parque del Oeste (A 3)
Dieser Park im Westen an der Manzanares-Senke wurde 1910 auf ehemals königlichem Besitz als englischer Garten mit Baum-

Rudervergnügen auf dem See im Retiro-Park

gruppen und großen Rasenflächen angelegt. In der *Rosaleda* im Tal findet alljährlich im Mai ein Wettbewerb von Rosenzüchtern statt. Hier befindet sich der Friedhof für die Aufständischen des 2. Mai 1808. Nur wenige Schritte entfernt steht die als *Pantheon de Goya* bekannte *Ermita de San Antonio de la Florida*. Im Süden erhebt sich auf einer Plattform, umgeben von einem Wasserbecken, der oberägyptische, dem Gott Ammon geweihte Tempel Debod, mit dem Ägypten sich für Spaniens Hilfe bei der Rettung von Kulturgütern am Assuandamm bedankt hat. *Paseo del Pintor Rosales, Metro: Plaza de España, Ventura Rodríguez, Moncloa*

Real Jardin Botánico **(E 6)**

★ Er ist eine Oase der Ruhe mitten im Verkehrsgetümmel Madrids und bietet Kundigen wie Wissensdurstigen eine Fülle von Zier- und Nutzpflanzen, Kiefern-, Fichten- und Zedernpflanzungen, Steingärten, Kulturen alter Rosensorten, Baumschulen, Wintergärten und ein Herbarium mit Expeditionsfunden des 18. und 19. Jhs. aus Peru, Chile, Mexiko, Kolumbien und den Philippinen, das über 500 000 Blätter umfaßt. Der Garten wurde unter dem Aufklärer Karl III. von dem Prado-Erbauer Juan de Villanueva angelegt, verkam und ist nach seiner Wiederherstellung seit 1989 zugänglich. *Tgl. 10–20 Uhr, Eintritt 200 Ptas., Studenten 100, Gruppen 50 Ptas. Claudio Moyano 1, Plaza de Murillo 2, Metro: Atocha*

Retiro **(E–F 4–5)**

★ 🯅 Auf den 120 Hektar dieses schönen Parks gibt es für jeden etwas. Betriebsam und lustig geht es besonders am Sonntagmorgen vor dem großen Teich zu mit Kaspertheater, Akrobaten, Musikern und anderen Schaudarstellern. Die Jugend sonnt sich gern auf den Stufen des pompösen Denkmals für Alfons XII. Die Stadtkapelle spielt zum sonntäglichen Konzert auf,

Palastprunk an der Plaza de Cibeles

und zahlreiche Kioske bieten Erfrischungen an. Abseits des Rummels gibt es ruhige Spazierwege unter hohen Bäumen, einen Rosengarten, den Garten *Cecilio Rodríguez*, den *Parterre* genannten formalen Garten, und hinter dem südlichen Ausgang locken die *Bouquinistes* und der Anblick des schönen Observatoriums. Sehenswert sind die Brunnen *Galápagos* und *Alcachofa* und der *Angel Caída*, das wohl einzige Denkmal für den Teufel. Kunst ist im *Palacio Velázquez* zu sehen und war es auch in dem romantisch an einem Teich gelegenen ebenfalls zur Philippinenausstellung 1887 errichteten *Palacio de Cristal*, der gegenwärtig zur Renovierung geschlossen ist. Beide unterstehen dem Kulturministerium. Verschwunden ist die *Real Fábrica de Porcelana del Buen Retiro*, für die einmal Karl III. aus Neapel nicht nur erfahrene Meister, sondern auch Tonerde von *Capo di Monte* mitgebracht hatte. Seine höfische Glanzzeit erlebte der Park als Schloßgarten des *Palacio*

del Buen Retiro mit seinen glänzenden Opern- und Theateraufführungen. *Alfonso XII., Alcalá, Menéndez Pelayo, Metro: Retiro, Ibiza, Atocha*

Plaza de Cibeles (D 4)

Um die ★ *Fuente de la Cibeles* (Cibeles-Brunnen) tost Tag und Nacht der Verkehr. Seine Bedeutung bezieht der Platz von den umliegenden Gebäuden und vor allem von dem Symbolgehalt des Brunnens. Die Madrilenen haben die Allmutter-Göttin Kybele, die früh in Kleinasien und später im heidnischen Rom verehrt wurde, wie alle Zugereisten zur Madrilenin und obendrein zu ihrem Wahrzeichen gemacht. »Grüß mir die Cibeles« kann man überall in der Welt von nostalgischen Madrilenen hören. Vier Gebäude gruppieren sich um den Marmorbrunnen mit der Göttin auf dem Löwenwagen. Der *Palacio de Buenavista*, der sich in einem großen Garten versteckt, wurde von der Herzogin von Alba errichtet, die oft Modell für Goya stand. Der Palast ist heute nach mehreren Bränden Sitz der Heeresleitung. Pläne, das grandiose Gebäude dem Prado-Museum als Dependance zuzuschlagen, sind vorerst gescheitert.

Auf dem Platz des ehemaligen Kornspeichers steht der renovierte Neobarockpalast des reichen Marqués de Linares von 1878, der als *Casa de América* eine Rolle als Stätte der Erforschung der ehemaligen Kolonialgebiete und der Begegnungen übernommen hat. Aus dem Palast des Marqués de Alcañices wurde 1891 der Sitz der *Banco de España*. Das mehrfach erweiterte Gebäude der Notenbank weckt Assoziationen zu Renaissance und Klassizismus. In seinen Gängen und Salons hängen herrliche Gemälde. Wie einen Goldschatz hüten die Banker Goyas Porträts der ersten sechs Direktoren der unter Karl III. gegründeten *Banco de San Carlos*, der ersten Notenbank Spaniens. Mit viel Glück ist aber eine Besichtigung über ein Gesuch an den Protokollchef möglich.

Blickfang ist der *Palacio de Comunicaciones*. Der Name für die Hauptpost ist ebenso pompös wie das 1917 im Zuckerbäckerstil mit vielen Türmen, Erkern und Ornamenten errichtete Gebäude, das der Volksmund *Nuestra Señora de las Comunicaciones* getauft hat. *Metro: Banco*

Plaza de España (B 3)

🔽🚶 Der Platz ist durch seine zentrale Lage ein beliebter Treffpunkt heimischer und ausländischer Jugend vor abendlichen

Plaza de España

Streifzügen, dient aber auch illegalen Immigranten als Schlafstätte. Das etwas prätentiöse Cervantes-Denkmal im Zentrum des Platzes wird der universalen Bedeutung des Dichters kaum gerecht. Auf einem Säulenpodest, in Stein gemeißelt, blickt er, wie seine beiden Helden Don Quijote und Sancho Pansa, gen Süden in die Mancha. Gigantomanie des Franco-Regimes manifestiert sich in dem *Edificio de España* an der Nordseite, das Büros, Läden und das Vier-Sterne-Hotel *Plaza* beherbergt, sowie in der *Torre de España* im Westen mit ebenfalls herrlichem Ausblick von der Cafetería *Casa de Cantabria* im 32. Stock. Beide waren in den fünfziger Jahren die höchsten Gebäude Spaniens. *Metro: Plaza de España*

Plaza de la Villa (B 5)

★ An dem kleinen, intimen Platz wird seit eh und je Stadtgeschichte gemacht. Das Rathaus an der Westseite ist das Werk von Juan Gómez de la Mora aus dem 18. Jh. mit den für die Zeit typischen Ecktürmen. Später kamen Ardemans' Barockelemente und

Villanuevas Klassizismus hinzu. Die mit dem Rathaus verbundene *Casa Cisneros* ließ der Neffe des mächtigen Kardinals errichten. Die schöne platereske Hauptfassade ist der Straße *Sacramento* zugewandt. Beide Gebäude mit ihren herrlichen Wandteppichen können montags ab 17 Uhr unter Führung besichtigt werden.

Die Freitagssitzungen des Stadtrats sind öffentlich. Dem Rathaus gegenüber steht die *Torre y Casa de los Lujanes*. Der Bau mit Familienwappen und schönem gotischen Portal stammt aus dem 15. Jh. und wurde in den letzten Jahrhunderten oft verändert. *Metro: Sol, Ópera*

Plaza del Conde de Barajas (B 5)

Ein verträumter und romantischer Platz im Habsburgerviertel, der mit seinen schattenspendenden Bäumen zum Verweilen einlädt. An Sonn- und Feiertagen stellen hier Maler und Keramiker ihre Werke zum Verkauf aus. *Metro: Sol*

Plaza Mayor (B 5)

★ ☆ Jeder, der den 120 x 94 Meter großen Platz durch einen der drei überwölbten und sechs offenen Zugänge betritt, ist von seiner einmaligen harmonischen Geschlossenheit bezaubert. Philipp III. erteilte seinem Baumeister Juan Gómez de Mora den Auftrag, den Freiplatz außerhalb des Mauerrings, auf dem schon seit dem Mittelalter lebhaft gehandelt wurde, durch mehrgeschossige Häuser einzurahmen. Nach mehreren Feuersbrünsten gab ihm Juan de Villanueva sein heutiges Gesicht mit drei Stockwerken über umlaufenden Arkadengängen, Dachkammern und 477 Balkonen. Das Dach aus Blei ersetzte er durch Ziegel. 1961 traten die vom Escorial bekannten Schieferplatten an ihre Stelle.

Die Kornkammer der *Casa de Panadería* an der Nordseite mit ihren beiden Ecktürmen wurde zum Logenplatz der Monarchen, wann immer es Interessantes zu sehen gab. Ähnlich ragt die *Casa de la Carnecería* gegenüber durch aufwendiges Dekor heraus. König und Hof, Aristokraten und Geldadel waren nur Gäste auf den Balkonen, denn Platz und Wohnungen waren für das Volk bestimmt. 3700 Familien wohnten bereits in den Häusern, als die *Plaza Mayor* am 15. Mai 1620 mit einer glänzenden Feier zur Seligsprechung des Landarbeiters Isidro eingeweiht wurde. Rund ein Jahr später bot die Kanonisierung Isidros und der Heiligen Ignatius von Loyola, Francisco Javier, Theresa von Ávila und Filippo Neri erneut Anlaß zu Prunk und Pomp. Volksfeste, Tänze, Stierkämpfe, Staatsakte und die berüchtigten *Autodafés* des Inquisitionstribunals, von denen ein Bild Francisco Riccis im Prado einen Eindruck vermittelt, zogen bis zu 50 000 Zuschauer an. Ketzerverbrennungen fanden nicht auf dem Platz, sondern außerhalb der Stadt statt. Dagegen wurden manche Urteile weltlicher Gerichte dort vollstreckt. Heute ziehen Rock- und Popkonzerte, Theatervorstellungen und der sonntägliche Briefmarken- und Münzmarkt Menschenscharen an. Das Reiterstandbild Philipps III. in der Mitte ist ein beliebter Treffpunkt junger Leute. Alte Handwerkstradition wird noch bei dem Hut-

macher Yuste und anderen Läden unter den Arkaden gepflegt.
Metro: Sol

Plaza Santa Ana (C 5)

Der begrünte Platz mit dem Calderón-Denkmal ist für Altstadtbewohner die gute Stube, in deren anheimelnder Atmosphäre sich auch viele andere wohlfühlen. Dort genießt man die milde Wintersonne ebenso wie Kühlung an Sommerabenden, und immer herrscht lebhafter Betrieb auf den Terrassen der angrenzenden Cafés. Besonders beliebt sind die *Cervecería Alemana*, deren Bier und Tapas schon Hemingway schätzte, die *Bar Naturbier* und das traditionsreiche *Café Suiza*. Wo heute das *Teatro Español* mit seiner schönen

Brunnen an der Puerta del Sol

Fassade steht, wurde schon im 16. Jh. Thalia geehrt, und gegenüber im Traditionshotel Victoria ließen sich die Stierkämpfer nieder. *Metro: Sol*

Puerta del Sol (C 4)

Das östliche Tor der mittelalterlichen Stadtmauer gab diesem Halbrund, das auf eine lange Geschichte als Nachrichtenbörse, Lügen-, Klatsch- und Gerüchteküche sowie als Verschwörertreff und Schauplatz nationaler Dramen zurückblickt, den Namen. In den zentralen Platz mit der größten Metrostation Madrids und Haltestellen zahlreicher Buslinien münden zehn Straßen, und an die Stelle der früheren Gemächlichkeit ist Hektik getreten. Trotzdem sollte man sich ein Weilchen umsehen und daran denken, was hier schon alles geschah, denn hier liefen rebellierende Madrilenen Sturm gegen die Bajonette der napoleonischen Garde, hier wurde vier Jahre später Spaniens erste Verfassung verlesen und zugleich ihr eingeschworener Feind, Ferdinand VII., zum König ausgerufen, hier wurden bei den folgenden Putschen und Erhebungen immer wieder Barrikaden errichtet, brach am 12. November 1912 Ministerpräsident Canalejas unter den tödlichen Kugeln eines Anarchisten zusammen, und hier wurde am 14. April 1931 unter Jubel die Zweite Republik verkündet. Das geschah vom Balkon des Innenministeriums aus, das von Karl III. als Postgebäude errichtet worden war, unter Franco Sicherheitszentrale wurde und heute Regierungssitz der autonomen Region Madrid ist. Vor dem Eingang ist im Straßenpflaster der Punkt Null markiert, von dem die Kilometer aller Nationalstraßen gezählt werden. Auf den kleinen Uhrturm des Gebäudes blicken in der Silvesternacht Madrilenen und Millionen Bildschirmzuschauer in ganz Spanien und versuchen, mit jedem der zwölf Glockenschläge eine Weintraube zu schlucken, was angeblich Glück bringen soll.

Auf dem Platz überragt ein wuchtiges Reiterstandbild Karl III. den Bären am Erdbeerbaum aus dem Stadtwappen und eine Replik der *Mariblanca* genannten Venusstatue, die einmal den Brunnen *Buen Suceso* krönte. *Metro: Sol*

Azca (O)

Madrids Manhattan: 204 Hektar am *Paseo de la Castellana* mit

---

Die Marco Polo Bitte

Marco Polo war der erste Weltreisende. Er reiste in friedlicher Absicht, verband Ost und West. Er wollte die Welt entdecken, fremde Kulturen kennenlernen, nicht zerstören. Könnte er für uns Reisende des 20. Jahrhunderts nicht Vorbild sein? Aufgeschlossen und friedlich sollte unsere Haltung in anderen Ländern sein. Dazu gehören auch Respekt vor Mensch und Tier und die Bewahrung der Umwelt.

WWF®

Bank- und Bürogiganten, Wohntürmen, belebten Fußgängerzonen, einem Straßennetz auf drei unterirdischen Ebenen und öder Verlassenheit nach den Bürostunden. Ein Bau der Superlative ist das 150 Meter hohe, blendendweiße Rechteck des Picasso-Turms von Minoru Yamasaki, daneben der gläserne Europaturm mit Restaurant und Fitneß-Center in schwindelnder Höhe. Bestechend schön ist das schlichte Glasviereck der Bank BBV mit umlaufenden Sonnenblenden über jedem der 30 Geschosse, das Werk von Francisco Javier Saenz de Oiza. *Metro: Lima*

Chamberi (O)

Großbürgertum im *Barrio de Salamanca*, bescheidener Mittelstand gegenüber im *Chamberí* — so war es in den Erweiterungsplänen des vorigen Jahrhunderts vorgesehen. Aber etliche Leute machten einen Strich durch die saubere Rechnung, kauften Grundstücke und bauten sich elegante Häuser und Villen. Daher herrscht heute im östlichen *Chamberí* nahe der *Castellana*, das sich durch die Bezeichnung *Almagro* abgrenzt, vornehme Langeweile. Im authentischen *Chamberí* mit der quirligen *Glorieta Bilbao* geht es dagegen mit vielen Bars und Restaurants munter zu, und in der Straße *Fuencarral* gibt es mehr Premierenkinos als irgendwo sonst. Im Norden des Viertels erinnert der runde Wasserturm an das Jahr 1859, in dem erstmals frisches Gebirgswasser von dem 77 km entfernten Lozoya aus der Leitung sprudelte. Heute dient der Turm als origineller Ausstellungsraum. *Metro: Bilbao*

El Barrio de los Poetas (D 5)

★ Das Viertel der Dichter ist klein, die Häuser sind alt, die Straßen heißen *Lope de Vega, Cervantes, Quevedo,* und alles erinnert an die Dichterfürsten des 17. »goldenen« Jhs. Hier waren sie in ihren letzten Lebensjahren unter sich. Miguel de Cervantes, Schöpfer des Ritters von der traurigen Gestalt, bewohnte am Ende seines bewegten Lebens ein Haus der Straße *Franco,* die heute seinen Namen trägt. Über der Tür des Nachfolgehauses erinnern ein Relief und eine Gedenktafel an ihn. Ihm schräg gegenüber, im Haus 11 *Cervantes,* wohnte Félix Lope de Vega Carpio. Wo der Dichter seine Komödien schrieb, wo er schlief, speiste und seinen Garten pflegte, all das ist noch in dem zweistöckigen Gebäude mit seinen vier Dachkammern zu sehen. Nur leider läßt die *Real Academia de la Lengua* als Hüterin des Hauses niemanden ein. Erste Erbin war Lopes Tochter Feliciana, Nonne des benachbarten Konvents der Barfüßigen Trinitarierinnen.

Francisco Quevedo lebte in der Straße seines Namens, und als Luis de Góngora Titularkaplan Philipps III. war, war er Nachbar. Nur auf schriftlichen Antrag gelangt man in das schöne Gebäude der Königlichen Akademie der Geschichte, Ecke *Leon/Huertas* mit seinen Schätzen. Nebenan in *Huertas 3* ist die herrliche Barockfassade des *Palacio de Ugona* zu bewundern, heute Sitz der Madrider Handelskammer.

In der Straße *Huertas* mit endlos vielen Bars sind die Nächte lang, laut und stürmisch. Hier befand sich im 17. Jh. einer der

Hauptmärkte der käuflichen Liebe. *Metro: Antón Martín*

Lavapiés (C 6)

Das ehemalige Judenviertel ist in Mode gekommen, hat aber kaum etwas von seinem volkstümlichen Flair verloren. Die früheren Bewohner der altersgrauen, nur durch Geranienbalkone aufgehellten Häuser sind als pfiffige, muntere und stolze Majas und Majos nicht nur von Goya gemalt, sondern in vielen Lustspielen besungen worden. Die Filmothek im schönen *Cine Doré* und die Experimentierbühne *Sala Olimpia* ziehen viele Besucher ins Viertel, in dem es noch einige der *Corralas* genannten, mit Galerien um einen Innenhof errichteten Häuser und auch *Casas de malicia* gibt. Sie waren so gebaut worden, daß ihre Front nichts von den zwei oder drei Stockwerken der Rückseite erkennen ließ, denn in mehrstöckige Häuser mußten in frühen Madrider Hauptstadtzeiten Hofbedienstete aufgenommen werden. *Metro: Lavapiés*

Morería (B 6)

★ In dem ehemaligen Maurenviertel ist nichts monumental, sondern alles Atmosphäre. Man sollte es gemächlich durchstreifen, dann zeigt sich unverfälschtes Madrider Leben, das ebenso weit von Yuppies wie von Hippies und Yonkies entfernt scheint. Hier kennt man sich, kauft in kleinen, vertrauten Läden ein und trifft sich zum Schwatz in einer Bar oder unter ein paar Bäumen.

Eine Ahnung von der früheren maurischen Präsenz gibt es noch in den verwinkelten Gassen um die Plätze *Alamillo, Morería* und *Granado*, unmittelbar südlich des ersten Stadttors. Die katholischen Könige hatten 1502, zehn Jahre nach der Vertreibung der Juden, ein ähnliches Edikt gegen die Mauren erlassen, und die verbliebenen, *Moriscos* genannten Konvertiten waren dann ein Jahrhundert später von Philipp III. vertrieben worden. *Metro: Latina*

Puerta de Alcalá (E 4)

Als Schmuckstück an der östlichen Stadteinfahrt ließ Karl III. 1778 von seinem Baumeister Sabatini dieses Tor am Retiro-Park errichten. Die mittlere von drei bogenförmigen, von zwei kleineren flankierten Öffnungen trägt ein Attikageschoß mit einer Inschrifttafel. Das brillant proportionierte Bauwerk ist von Gartenanlagen der *Plaza de la Independencia* umgeben. Heftige Polemik löste 1970 der an sich interessante Neubau des Wohnturms *Torre de Valencia* aus, der mit seinen 28 Stockwerken die Harmonie der Umgebung zerschlägt. *Metro: Retiro*

Puerta de Toledo (B 6)

Schon Joseph Bonaparte wollte an der südwestlichen Stadtausfahrt einen Triumphbogen errichten. Er wurde aber nach langer Bauzeit 1827 schließlich ein Siegestor für den nach der Franzosenherrschaft zurückgekehrten Ferdinand VII. Ausmaß, Architektur und das Dekor mit allegorischen Figuren sind Ausdruck einer auftrumpfenden Imponierhaltung. *Metro: Puerta de Toledo*

29

Zwei Stunden im Museum

Der Prado allein ist eine Reise wert. Madrid hat aber noch vieles mehr an Kunstgenuß zu bieten

Als 1990 im Prado fast alles gezeigt wurde, was vom Werk Diego de Velázquez' erhalten ist, machten die kilometerlangen Warteschlangen Schlagzeilen. Aber für Madrid war ein derartiger Zulauf keine Ausnahme. Unabhängig von einer überall zu beobachtenden modischen Hinwendung zur Kunst lag die Bildende Kunst den Madrilenen schon immer am Herzen. Jede Ausstellung ist ein großes Ereignis und scheint die ganze Stadt zu elektrisieren. Und immer sind die Zeitungen mit Sonderbeilagen zur Ausstellung dabei, machen Appetit auf das Anschauen und kommen dem Informationsbedürfnis einer wachsenden Gemeinde von Kunstfreunden entgegen.

Museen aller Art stehen mehr denn je im Mittelpunkt des öffentlichen Interesses. Selbst solche, die früher als bloße Depots von Zeugnissen der Vergangenheit galten, erfreuen sich heute regen Zuspruchs.

Er ist allein eine Reise wert: der weltberühmte Prado

Madrids Museenlandschaft ist ausgedehnt und vielfältig. Kunst ist keineswegs auf die Prachtpinakothek des Prado beschränkt. Es gibt auch anderswo interessante Schätze zu bewundern, etwa in den beiden Konventen der *Descalzas Reales* und *Encarnación*, im *Museo Municipal* und im privaten *Lázaro Galdiano*. Und neben den staatlichen und städtischen Institutionen locken auch Sammlungen privater Stiftungen.

Jeder hat es schon mal erlebt, daß Museen anstrengend sein können, und daß man selbst bei noch so großem Wissensdurst nach einigen Stunden an die Grenzen der Aufnahmefähigkeit stößt. Wenn man also von einem Besuch wirklich etwas mit nach Hause nehmen will, sollte man dosieren, entweder Zeit für mehrere Rundgänge einplanen, oder aber sich auf das nach subjektiven Kriterien Wichtigste konzentrieren. Die staatlichen Museen sind durchweg ohne Pause den ganzen Tag geöffnet. Mit Ausnahme des Kunstzentrums *Reina Sofía*, das dienstags einen Ruhetag einlegt, schließen die Museen, wie international üblich, am Montag.

Für alle staatlichen Museen, dazu gehören der Prado und das Reina Sofía, wird ein Eintrittsgeld von 400 Ptas. erhoben. (An einem Tag der Woche ist der Besuch gratis.) Die Kosten für die Besichtigung kirchlicher und privater Sammlungen variieren.

Über Wechselausstellungen informieren der Veranstaltungskalender *Guía del Ocio* und die Tageszeitungen. Man sollte besonders auf die Ankündigungen der *Casa de Velázquez* im Retiro-Park, des *Centro de la Villa* und des gleichfalls städtischen *Cuartel del Conde Duque*, der *Fundación March*, der *Caja de Pensiones* und des Künstlertreffs *Círculo de Bellas Artes* achten.

Casón del Buen Retiro　　(E 5)

★ Seit 1971 ist das ehemalige Ballhaus des königlichen Palastes del Buen Retiro Dependance des Prado für Werke des XIX. Jh.s vorwiegend spanischer Künstler, die unter dem Einfluß des Klassizismus, der Romantik, des Realismus oder des Impres-

Casón del Buen Retiro

sionismus standen. Sie verbinden sich mit herrlichen Deckengemälden Lucas Giordanos. Ein Rundgang lohnt sich besonders für Liebhaber »schöner« Bilder, auch wenn das Haus mit der Umsiedlung von Picassos »Guernica« ins Nationalmuseum Kunstzentrum Reina Sofía nicht mehr zu den »must« gezählt wird. *400 Ptas. (zusammen mit dem Haupthaus). Tgl. außer Mo 9–19 Uhr, So bis 14 Uhr. Felipe IV. 13, Metro: Atocha*

Fundación Casa de
Alba Palacio de Liria　　(B 2)

Die Kunstsammlung aus fünf Jahrhunderten entspricht in ihrer Fülle und Qualität der Bedeutung des Hauses Alba. Die größte Attraktion unter den vielen Meisterwerken aller europäischen Schulen stellt das Bildnis der kapriziösen XIII. Herzogin in weißem, rotgarnierten Kleid dar, die mit ausgestrecktem Arm auf die in den Sand geritzte Inschrift »A la Duquesa de Alba, Fr^{co} de Goya, 1795« weist. Der Palast wurde im Bürgerkrieg bei einem Bombenangriff der Belagerer zerstört und danach wieder aufgebaut. Eine pikante Fußnote der Geschichte: Während der Herzog als »Botschafter« Francos in London über die »roten Barbaren« in Madrid klagte, retteten republikanische Milizen seine Kunstschätze unter Lebensgefahr aus dem brennenden Palast. *Sa vormittags gratis nach telefonischer Vereinbarung mit Señor Muñóz. Princesa 20, Tel. 5 47 53 02 Metro: Plaza de España, Ventura Rodríguez*

Instituto Valencia
de Don Juan　　(E 1)

Viel Maurisches wie Keramik, Brokat, Waffen, Elfenbein und

MARCO POLO TIPS FÜR MUSEEN

1 Museo Nacional del Prado
Allein eine Reise nach
Madrid wert (Seite 38)

2 Casón del Buen Retiro
Sammlung »schöner«
Bilder (Seite 32)

**3 Museo Nacional Centro de
Arte Reina Sofía**
Ein imposanter Rahmen
für Gegenwartskunst mit
Picassos »Guernica«
(Seite 37)

**4 Museo Arqueológico
Nacional**
Eine Fundgrube alter Kost-
barkeiten (Seite 34)

5 Museo Thyssen-Bornemisza
Ein strahlender Stern an
Madrids Kunsthimmel
(Seite 41)

**6 Museo de la Real
Academia de Bellas Artes
de San Fernando**
Viele verkannte Schätze
(Seite 35)

7 Museo Panteón de Goya
Goya-Fresken, nicht nur
religiös (Seite 41)

**8 Museo Nacional de Artes
Decorativos**
So war schönes Wohnen
in den letzten Jahrhunderten (Seite 38)

9 Museo Lázaro Galdiano
Kunst und vieles mehr,
privat gesammelt
(Seite 36)

10 Museo Sorolla
Beim »Maler des Lichts« zu
Hause (Seite 41)

Teppiche ist in dieser verblüf-
fend vielseitigen, privaten
Sammlung zu sehen. Dazu ein
iberischer Silberhelm, eine ro-
manische Madonna, Stundenbü-
cher, frühe Tafelbilder und von
Greco das Bild »*La Alegoría de los
Camaldulenses*«. *Besichtigung nur
nach Vereinbarung, Tel. 3 08 18 48,
Fortuny 43, Metro: Colón, Alonso
Martinez*

Monasterio de la Encarnación (B 4)
In einem stillen, romantischen
Winkel nahe beim Königspalast
liegt dieses Klausurkloster der
Augustinerinnen, das die Besichtigung seiner Kunstwerke er-
laubt. Hinter der harmonischen
Fassade sind sie in drei Sälen,
Nonnenchor und Sakristei ausgebreitet. Herausragend sind Ri-
beras »Jugendlicher Johannes«
und das Historienbild »*Prólogo en
el Bidasoa*«, mit dem Pieter van
der Meulen die Übergabe der
Bräute anläßlich der Doppel-
hochzeit der Habsburger Prin-
zessin Anna mit Ludwig XIII.
und der Tochter Heinrichs IV.
mit Philipp IV. schildert. Das
Kloster wurde von Margarethe
von Österreich, Gemahlin Philipps III., gestiftet. *400 Ptas., Mi
und Sa 10.30 bis 12.30 und 16 bis
17.30 Uhr, So 11–13.30 Uhr; Plaza de la Encarnación 1, Metro: Ópera,
Santo Domingo*

Monasterio de las
Descalzas Reales (C 3)
Juana, die jüngste Tochter Kaiser
Karls V., gründete, als Witwe aus
Portugal zurückgekehrt, 1554

das Klarisinnenkloster und lebte dort bis zu ihrem Lebensende. Sie brachte ebenso wie andere königliche Damen mit ihrem Einzug in die klösterliche Residenz wertvolles Kunstgut ein, das seit 1960 im Museumsteil des Gebäudes zu sehen ist. Zum Schatz kostbarer Gemälde mit vielfach religiöser Botschaft gehören neben Werken der spanischen Barockmeister Zurbarán, Ribera und Murillo der berühmte »Zinsgroschen« Tizians, eine Zweitfassung seines Dresdner Bildes, und eine Serie von 14 Gobelins zur Verherrlichung der Eucharistie nach Kartons von Rubens. Fra Angelicos ursprünglich dem Haus gehörende »Verkündigung« hängt im Prado. *400 Ptas., Mi frei. Tgl. außer Mo 10.30 bis 12.30 und 16–17 Uhr. Fr nur 10.30–12.30 Uhr, So 11 bis 13.30 Uhr, Plaza de la Descalzas 3, Tel. 5 21 27 97, Metro: Callao*

Museo Arqueológico Nacional (E 3)

★ Hier ist die Dame von Elche zu Hause, die weltbekannte, aus dem 5. Jh. v. Chr. datierte Kalksteinbüste einer reichgeschmückten Frau, das Paradestück des iberischen, vorrömischen Spanien. Sie ist umgeben von zwei weiteren iberischen Steinplastiken, der sitzenden »*Dama de Baza*«aus der Nähe von Granada, und der »Großen Opfernden« aus Albacete. Alle drei, die gleich rechts vom Eingang des Erdgeschosses im Saal 20 zu finden sind, waren wohl Todesgöttinnen und dienten als Grabhüterinnen. Sehr interessant sind auch die Steinreliefs von Osuna aus dem dritten vorchristlichen Jh., mehrere kleine Votivstatuen und steinerne Tierplastiken, so

z. B. ein Stier mit Menschenkopf aus der Provinz Albacete und der Löwe von Baena in der Provinz Córdoba.

Man sollte sich auf wenige Gebiete konzentrieren, möglichst aber einen Blick auf den von phönizischen Kolonisatoren beeinflußten Goldschatz von Alisede werfen, auf die sechs goldenen Kandelaber aus dem 8./9. Jh. von Lebrija und die schweren Goldarmbänder aus dem Schatz von Sagrajas in der Provinz Badajoz. Unbedingt sehenswert ist das große Elfenbeinkreuz des Königspaars Ferdinand und Sancha von Kastilien und León, eine mozarabische Arbeit christlicher, von den Mauren beeinflußter Künstler, mit einem romanisch-strengen Christus vor reichverziertem Kreuz. Auch die fünf westgotischen Votivkronen aus reichgeschmückter Goldarbeit sollte man sich ansehen. Sie wurden vermutlich beim Vordringen der Mauren verscharrt und erst 1859 in Guarrazar bei Toledo ausgegraben. Unter ihnen ist die Krone des Königs Rekkeswind die prächtigste. Neben einem Modell der mozarabischen Kirche *Santa María de Melque* bei Toledo gehört im Garten die getreue Nachbildung der Höhlenmalereien von Altamira zu den sehenswerten Stücken. *400 Ptas. Tgl. außer Mo 9.30–20.30 Uhr, So und Feiertage bis 14.30 Uhr, Serrano 13, Metro: Colón, Serrano*

Museo Cerralbo (A 3)

Schöner Einblick in das Leben eines aristokratischen Privatgelehrten und Sammlers. Der XVII. Marqués de Cerralbo vermachte 1922 dem Staat den Palast samt Inventar und reichhaltiger Sammlung von Kunst, Kunstgewerbe, Archäologie, Waffen aus vorgeschichtlicher Zeit, toledanische Schwerter, eine Donnerbüchse aus dem 15. Jh., Kristalleuchten aus Murano und La Granja, Keramik und Porzellan, historische wie prähistorische Münzen, Uhren und Tapisserien. Die Gemäldesammlung umfaßt neben großen Italienern Werke der Spanier Ribalta, Ribera, Alonso Cano, Luis Eugénio Meléndez und Grecos »San Francisco y el lago« in der Hauskapelle sowie eine schöne »Immaculata« von Zurbarán. *400 Ptas., Do und Mi gratis. Tgl. 9.30–14.30 Uhr, Mo geschl., Ventura Rodríguez 17, Metro: Ventura Rodríguez, Plaza de España*

Museo de América (O)

Keine schwarze Legende, sondern der Versuch, das vorkolumbianische Amerika in Ethnographie und künstlerischen Zeugnissen ebenso darzustellen wie die spanische Verwaltung mit Dokumenten, Karten und dem Gesetzeswerk der *Leyes de Indias*. Auch nach den 500-Jahrfeiern der Entdeckung Amerikas aktuell. Das Museum wurde erst 1965 eröffnet. Seine Sammlung geht aber auf den Kardinal Cisneros (15. Jh.) zurück. Besonders sehenswert sind die Nachbildung des berühmten Goldschatzes der Quimbaya-Indios, eine »Madrid Relief« genannte Grabplatte aus der Blütezeit der Mayakultur und der »Tro-Cortesianische Kodex«, ein aus zwei Teilen zusammengesetztes Maya-Faltbuch mit den auf Baumrinde gemalten Hieroglyphen ihres Kalenders und der figürlichen Darstellung von Alltag und Riten.

400 Ptas., Avenida Reyes Católicos 6, Metro: Moncloa

Museo de Escultura al Aire Libre (E 1)

Nicht nur der Platz dieses 1979 eingeweihten Freilichtmuseums unter einer Brücke am *Paseo de la Castellana* ist ungewöhnlich, sondern auch die Herkunft der aufgestellten Plastiken. Denn sie wurden von 15 Bildhauern oder deren Erben der Madrider Bevölkerung geschenkt. Unter den Spendern der Skulpturen, die eine Abkehr von der traditionellen Figuration markieren, sind Andreu Alfaro und Joan Miró. *Tag und Nacht geöffnet, Paseo de la Castellana, Metro: Rubén Darío*

Museo de la Real Academia de Bellas Artes de San Fernando (C 4)

★ Die Werke der Akademie in einem Palast aus dem 18. Jh. stehen zu Unrecht im Schatten des Prado. Einen Besuch sind allein die 13 Goyabilder wert. Zu den Schätzen zählen Werke heimischer und ausländischer, vor allem italienischer Künstler. Im selben Gebäude befindet sich die interessante *Calcografía Nacional* mit Radierungen und Druckplatten aus vier Jahrhunderten. Neben Platten, auf denen er Velázquez-Werke kopierte, sind Goyas Graphikserien *»Caprichos«, »Disparates«, »Desastres de la Guerra«* und *»Tauromaquia«* zu sehen. *400 Ptas., Di bis Fr 9–19 Uhr, Sa und Mo 9–15 Uhr, Alcalá 13, Metro: Sol, Sevilla*

Museo del Ejército (E 5)

Vom Schwert des legendären Cid bis zu modernem Gerät aus dem spanischen Bürgerkrieg umfaßt die Sammlung des Heeresmuseums tausend Jahre spanischer Militärgeschichte mit Ausnahme der Marine, die ein eigenes Museum unterhält. Die verschiedensten Waffen, Trophäen, Fahnen, Uniformen, Modelle und Miniaturen haben seit 1932 hier auf vier Etagen ihren Platz. Allein das Gebäude, einst als *Salon del Reino* Teil des Palastes *Buen Retiro*, ist sehenswert mit Resten der originalen Ausstattung. *400 Ptas. Tgl. außer Mo 10–14 Uhr, Méndez Núñez 1, Metro: Banco*

Museo Lázaro Galdiano (E 1)
★ Mitten in der Geschäftigkeit des *Barrio de Salamanca* tut sich hinter Tor und Garten in einem kleinen Palast eine Kunstwelt auf, die man sich nicht entgehen lassen sollte. Manches in der Fülle von Kunstwerken und kostbaren Objekten kann sich mit großen Museen messen. Die Sammlung englischer Malerei über-

trifft sogar bei weitem, was der Prado davon aufzuweisen hat. Schon das Erdgeschoß bietet Kostbarkeiten der Kleinkunst aus den verschiedensten Epochen und Ländern von der Antike bis ins 19. Jh.: mittelalterliche Goldschmiedearbeiten, Schalen aus Halbedelsteinen, Pokale, Kleinplastiken und Schmuck, darunter Sensationelles wie ein keltisches Diadem aus dem galicischen Ribadeo.

Das erste Obergeschoß birgt neben edlen alten Möbelstücken Sammlungen früher deutscher und niederländischer Malerei, sehenswert auch dann, wenn einige der Cranach, Bosch, Memling oder Gossaert zugeschriebenen Werke möglicherweise Werkstattarbeiten sind. Prächtig sind die Bilder früher Spanier und Flamen, besonders »Die Kommunion der hl. Therese« und die »Immaculata« von Clau-

Im Paradies

Sie bewundern die herrlich frischen Farben der *Meninas* von Velázquez? Die Madrilenen auch, und sie sind stolz auf die Hoffräulein und alles, was die Mauern ihrer Stadt an Kunst bieten. Aber sie kritisieren und schimpfen auch schnell. Manchmal zu schnell.

Das Gemälde wurde vor einigen Jahren restauriert. Das heißt, es wurde behutsam die dicke Schicht von Firnis und Schmutz abgetragen, die sich auf die leuchtenden Farben gelegt hatte. Mit Rat und Tat war John Brealey dabei, der Experte vom New Yorker *Metropolitan Museum of Art*. Das löste einen Sturm der Entrüstung aus. Es war von Geldverschwendung die Rede, denn dieser Amerikaner würde ja ein Vermögen für seine Arbeit verlangen. Monatelang gingen Beschwerden bei der Prado-Direktion ein. Dann wurde das Bild in seinem neuen Glanz vorgestellt, und die Kritiker verstummten beschämt. Mr. Brealey hatte keinen Heller Honorar genommen. Wie könne man Geld verlangen, wenn man doch im Paradies sein dürfe, erklärte er. Und für die Kosten seines Aufenthalts hatte eine jüdische Dame aus London das Nötige gestiftet, die Spanien damit für frühere Hilfe danken wollte.

dio Coello. Ein ungeheurer Gemäldereichtum findet sich vor allem im folgenden Stockwerk mit mittelalterlicher Malerei wie Pedro Berruguetes 1480 gemaltes Selbstporträt. Auch »Der Heilige Johannes der Täufer in Meditation« von Hieronymus Bosch sowie Grecos »Anbetung der Könige« und »Der Heilige Franz mit Totenkopf« sind hier zu bewundern.

Unbedingt sehenswert ist der Goyasaal mit der großen »Kreuzabnahme«. Auf der obersten Etage sind traditionelles Kunsthandwerk, kunstvoll gefertigte Waffen und Rüstungen, kultische und profane Textilien, Gebrauchsgegenstände wie Eßbestecke, Münzen und herrliche spanische, italienische, französische und deutsche Portraitmedaillen zu sehen. *300 Ptas. Tgl. 10–14 Uhr, Mo geschlossen, Serrano 122, Metro: Avenida de América, Núñez de Balboa*

Museo Municipal (C 3)

Wer an Stadtgeschichte interessiert ist, genau wissen will, wie Madrid entstanden und gewachsen ist, findet in dem Barockbau des städtischen Museums mit üppig verziertem Portal, der erst Hospiz war und seit 1929 als Museum dient, reiches Anschauungsmaterial: alte Stiche, Modelle, Stadtpläne, Porzellan, Silberarbeiten und Porträts illustrer Bürger: Goyas 1810 im Auftrag des Rathauses gemalte »Allegorie des 2. Mai«, sein Porträt des Architekten Ventura Rodríguez und eine »Madonna mit Kind« von Pedro Berruguete. *Di bis Fr 9.30–20 Uhr, Sa und So 10 bis 14 Uhr, Mo und Feiertage geschl., Fuencarral 78, Metro: Tribunal*

Museo Nacional Centro de Arte Reina Sofía (D 6)

★ ⚡ Glänzende Wechselausstellungen haben den »Prado des XX. Jahrhunderts« in den wenigen Jahren seines Bestehens international berühmt gemacht. Dazu hat das ungewöhnliche Äußere des riesigen, unter Karl III. als Generalhospital errichteten Gebäudekomplexes mit seinen 42 000 Quadratmetern Schaufläche beigetragen.

Der Bezeichnung »Museum« wird das Haus erst seit dem Sommer 1992 mit der Ausstellung der ständigen Sammlung gerecht. In ihrem Mittelpunkt steht Picassos »Guernica«, das zum Kultbild geworden ist und den Rahmen reiner Kunstbetrachtung sprengt. Was Picasso in trostlosem Schwarz und Grau auf die breite Leinwand gebannt hat, ist der Aufschrei einer gepeinigten Kreatur, der zu Anklage und Protest gegen Krieg und Gewalt wird. Was ihn antrieb, war die Erschütterung über die Bombardierung der Baskenstadt Guernica durch deutsche Flugzeuge im spanischen Bürgerkrieg. Aus einem Auftragswerk für den Pavillon der spanischen Republik auf der Weltausstellung Paris 1937 wurde so ein Werk von zeitloser universeller Bedeutung. Neben den 61 begleitenden Zeichnungen, seiner Skulptur »La femme au vase«, der Graphikserie »Traum und Lüge Francos«, seinen beiden Ölbildern »La nageuse« und »Stilleben mit toten Vögeln« sowie der Graphik »Minotauromaquia« bilden zwei Gemälde Juan Gris', das »Porträt Josette« und »Violine und Gitarre«, sowie Le Corbusiers »Der Fall Barcelonas«, eine Zeichnung Dalís und das Modell einer Skulptur von Alberto Sánchez die unmittelbare Nachbarschaft des »Guernica«. Insgesamt vermittelt die Sammlung, der 23 Säle im zweiten Stockwerk gewidmet sind, einen guten Einblick in Spaniens künstlerisches Schaffen dieses Jh. bis zur Mitte der sechziger Jahre. *400 Ptas. Tgl. außer Di 10 bis 21 Uhr, So bis 14.30 Uhr, Santa Isabel 52, Metro: Atocha*

Museo Nacional de Artes Decorativos (E 5)

★ Im nationalen Kunstgewerbemuseum verschaffen historisch getreu aufgebaute Wohn- und Schlafräume, dazu mehrere vollständige Küchen und eine Unzahl von Einzelstücken einen großartigen Einblick in die spanische Wohnkultur des 15./16.Jhs. 15000 Exponate sind in den 58 Sälen auf fünf Stockwerken eines Adelspalastes aus dem vorigen Jahrhundert ausgebreitet. Überall sind Keramiken zu bewundern, mit denen die Spanier in Sevilla, Alcora, Teruel, Katalonien, Talavera de la Reina und Puente del Arzobispo erst die arabische Tradition fortführten und später italienische Majolika techniken übernahmen. Man muß die kunstvollen Lederarbeiten für Bucheinbände, Etuis und sogar Tapeten betrachten, alle Arten von Glasgefäßen und -schmuck, viele Einzelmöbel, Holzdecken im Mudéjarstil, Stickereien, Gobelins, Goldschmiedearbeiten, Holzplastiken, Kinderspielzeug. Das Schönste aber erwartet den Besucher im fünften Stock: die aus einem valencianischen Adelshaus des 18.Jhs. ins Museum ver-

pflanzte Küche mit Wänden aus Manises-Kacheln, die in bunten Farben Speisen, Geräte und eine livrierte Dienerschaft beim Bereiten des Frühstücks darstellen. *400 Ptas., Tgl. außer Mo 9−15 Uhr, Sa und So 10−14 Uhr, Mo geschlossen; Montalbán 12, Metro: Banco*

Museo Nacional de Ciencias Naturales (O)

Nach langem Dämmerschlaf ist das auf Karl III. zurückgehende naturwissenschaftliche Nationalmuseum entstaubt worden und zeigt sich vorbildlich didaktisch mit vielen Schrifttafeln, Reproduktionen und Modellen. Der Stolz des Hauses sind seine Dinosaurier, ganz besonders das Skelett eines *Megatherium Americanum* genannten blattfressenden Riesenfaultiers aus dem Pleistozän, das 1788 im argentinischen Luján gefunden wurde. *300 Ptas. Tgl. außer Mo 10−18 Uhr, So und Feiertage 10−14 Uhr, José Gutiérrez Abascal 2, Metro: República Argentina*

Museo Nacional del Prado (D−E 5)

★ Die grandiose Pinakothek ist nicht nur wegen ihrer Werke, sondern auch wegen ihrer Architektur und Lage einmalig. Der harmonische klassizistische Bau von Juan de Villanueva schafft eine ideale Verbindung zu den Kunstwerken in den Sälen.

Ferdinand VII. machte das von seinem Großvater Karl III. für die Naturwissenschaften bestimmte Gebäude 1819 zum Kunsttempel und brachte als königlichen Grundstock 311 Werke ein. Durch Stiftungen, Legate und Neuerwerbungen kam ein Vielfaches hinzu. Alle Herrscher, Habsburger wie Bourbonen, wa-

Immer wieder zieht es begeisterte Besucher in den Prado

ren eifrige Sammler. Der Lieblingsmaler des kunstsinnigen Kaisers Karl V. war Tizian, den er zu seinem Hofmaler machte. Dieser Vorliebe verdankt der Prado weit über 30 Werke Tizians, darunter die Porträts des Kaisers mit der Dogge und nach der Schlacht von Mühlberg. Philipp II., dessen schönes Tizianporträt auch hier hängt, war besonders Hieronymus Bosch zugetan — die Spanier nennen ihn *El Bosco* —, und damit besitzt der Prado, der 1868 in Staatsbesitz überging, die in der Welt reichste Kollektion seines Werkes. Der rätselhafte »Garten der Lüste« ist allein eine Reise wert. Die berühmtesten Hofmaler waren Velázquez und Goya, die mit Greco, Zurbarán, Ribera und Murillo die herausragenden Künstler in der natürlich umfangreichsten Gruppe der spanischen Maler des Museums sind.

Spanisches aus dem 18. Jh. empfängt den Besucher, der über die Außentreppe des Nordeingangs den Hauptsaal mit seiner lichten Gewölbedecke betritt. Links davon öffnet sich die Welt Grecos mit der »Kreuzigung« und anderen Berühmtheiten. Die dahinter liegenden weiteren 14 Säle sind der stark vertretenen italienischen Malerei vom Trecento bis zu den Venezianern gewidmet.

Vom Hauptsaal erreicht man einen prächtigen rechteckigen Saal und vier angrenzende Räume mit Velázquez' »Übergabe von Breda«, seinen »Hoffräulein«, »Spinnerinnen« und anderen Meisterwerken. Ribera, Zurbarán und Murillo bilden den Rahmen, und krönender Abschluß des Hauptsaals ist Goya mit den Großleinwänden der Majas, der Familie Karls IV. und des 2. und 3. Mai 1808. Im unteren Geschoß liegen 13 Säle spanischer und flämischer Malerei des 15./16. Jhs. Ein Saal faßt die wenigen Werke altdeutscher Kunst in Prado-Besitz: Dürers »Adam und Eva«, sein spätes

Skulptur von Cruz Novillo am Paseo de la Castellana

»Porträt eines Unbekannten« und sein frühes Selbstbildnis, Hans Baldung Griens »Allegorien« und zwei Jagdbilder von Lucas Cranach d. Ä.

Über flämische Malerei des 17. Jhs. gelangt man zu den Zeichnungen und den berühmten »schwarzen« Bildern des alten Goya. Keinesfalls sollte man sich den »Schatz des Dauphin« entgehen lassen, der von Louis de Bourbon auf seinen Sohn Philipp V. und damit auf Spanien überging: Prunkschalen, Pokale und Gefäße aus Onyx, Achat und Bergkristall, kunstvoll in Gold gefaßt. Es ist kaum bekannt, welchen Risiken die bewunderten Meisterwerke des Museums im Bürgerkrieg ausgesetzt waren, und unter welchen Gefahren die Verantwortlichen sie nach Valencia und dann vor der immer näherrückenden Front in Etappen weiter nach Norden schafften, während die Luftwaffe Francos trotz genauer Kenntnis der Transportwege und -zeiten ihre Bombardements fortsetzte. Von Frankreich führte ihr Weg nach Genf, wo sie in einer sensationellen Ausstellung gezeigt und sofort vom Franco-Regime wieder eingefordert wurden. *400 Ptas. Tgl. außer Mo 9–19 Uhr, So bis 14 Uhr, Paseo del Prado, Metro: Atocha, Banco*

Museo de la Fábrica Nacional de Moneda y Timbre (O)

Über dem Säulenportal des Gebäudes steht in Goldlettern in kurzer Form: Casa de la Moneda (Haus der Münze), und dahinter öffnet sich in 30 Sälen eine faszinierende Geldwelt, dokumentiert in 30 000 Münzen und unzähligen Geldscheinen. Hervorzuheben sind die muslemische Sammlung, die Sammlung der Katholischen Könige und der reiche Fundus aus früheren Kolonien Lateinamerikas. Dazu Punzen und allerlei technisches Gerät. Die 300 000 Briefmarken des Hauses können wegen Raumnot nicht gezeigt werden.

Tgl. außer Mo 10—14 Uhr, Di und Fr auch 17—19 Uhr, Doctor Esquerdo 36, Metro: Goya

Museo Panteón de Goya (O)

★ Die Kuppelfresken von Goya sind eine Kostbarkeit. Darin vereinigen sich der sozialkritische Goya der Zeichnungen und Radierungen und der Goya der exquisiten Palette mit herrlich lichten Blau- und Ockertönen. Für die Vorgabe »Die wunderbare Erscheinung des Heiligen Antonius in Lissabon« malte er an der Kuppelrand an einer Trompel'oeil-Balustrade Typen aus dem Volk. Seit 1919 Goyas sterbliche Überreste — bei der Exhumierung in Bordeaux wurde der Kopf vermißt — hier ihre letzte Ruhe fanden, ist die Einsiedelei Goya-Museum, das Zeichnungen, Graphiken und Porträts ausstellt. Alljährlich im Juni versammeln sich die Madrilenen dort, um den Heiligen Antonius von Padua um die Erfüllung von Ehewünschen zu bitten. *Di bis Fr 10 bis 14 und 16—20 Uhr, Sa und So 10—14 Uhr; Paseo de San Antonio de la Florida, Metro: Norte*

Museo Sorolla (D 2)

★ Ein Hochgenuß, in die Werkstatt zu schauen, wo der »Maler des Lichts«, der 1923 verstorbene Joaquín Sorolla, arbeitete. Überall in seinem Haus, das die Witwe Sorolla 1931 dem Staat übereignete, hängen neben Arbeiten von Malerkollegen seiner Zeit vor allem seine eigenen Bilder. Protagonist ist stets das Licht des mittelmeerischen Valencia, das er mit den schimmernden, leuchtenden Farben seiner Palette einfängt. Bezaubernd sind die Strandbilder mit spielenden Kin-

dern, Damen in weißen luftigen Gewändern und vielen Sonnenschirmen und Strohhüten. *400 Ptas. Tgl. außer Mo 10—15 Uhr, Sa und So 10—14 Uhr; Paseo General Martínez Campos 37, Metro: Iglesias, Rubén Darío*

Museo Thyssen-Bornemisza (D 5)

★ Diese Sammlung der Superlative mit über 700 Meisterwerken, die in dem früheren Adelspalast Villahermosa ihre Heimstatt hat, bildet einen weiteren Gipfelpunkt in Madrids Kunstlandschaft und eine enorme Attraktion für Besucher. Diesen Bilderschatz in Spaniens Hauptstadt angesiedelt zu haben, gilt als große kulturelle Leistung. Herrliche frühe Meister sind eine ideale Ergänzung zum Prado gegenüber, und die verschiedenen Strömungen der Moderne füllen die Lücken im Madrider Kunstpanorama. Hier sind auf einzigartige Weise Impressionisten und Surrealisten, Monet, Manet, Degas, Renoir und Pissarro, Dalí, Magritte, Max Ernst und Tanguy versammelt, und dazwischen die Fauves, Kubismus, Braque, Picasso sowie die russische Avantgarde. *600 Ptas. Tgl. außer Mo 10—19 Uhr, Paseo del Prado 8, Metro: Banco, Sevilla*

Real Fábrica de Tapices (O)

Die Teppichknüpferei ist noch immer in der Hand derselben flämischen Familie Stuyck, die von Philipp V. nach Madrid geholt wurde. Man sieht, wie vor großen Rahmen in verschiedenen Techniken Teppiche nach Vorlagen von Goyas Kartons geknüpft werden. *Tgl. 9.30—12.30 Uhr, Sa und So geschl., Fuencarral 2, Metro: Menéndez Pelayo*

Wohin gehen wir essen?

In Madrids Küche trifft Traditionelles mit modernen Kreationen zusammen. Wir empfehlen eine Entdeckungsreise durch die Bars und Restaurants der Stadt

Wer im Prado die schönen realistischen Stilleben von Luis Eugenio Meléndez gesehen hat, der weiß schon recht gut, was ihn auf seiner kulinarischen Expedition in Madrid erwartet. Denn was der Maler, Madrilene des 18. Jhs., an Eßbarem vor den Augen des Betrachters ausbreitet, macht noch heute die Madrider Küche aus: exzellentes Rohmaterial, dessen Geschmack bei sorgfältiger Zubereitung unverfälscht zur Geltung kommt. Die Titel dieser *Bodegones* sind nüchterne Auflistungen des Dargestellten, wie etwa »Fisch, Schalotten und Brot«, »Zwei Rebhühner, Zwiebel und Gläser«, »Brot, Birnen, Käse und Gefäße«, »Austern, Eier und eine Kasserolle«, »Ein Stück Lachs, Zitrone und drei Gläser« oder »Ein Stück Fleisch, Schinken, Tonbecher und Bronze«. Der Maler selbst nannte die Bilder, die alle einmal im Schloß von Aranjuez hingen, »ein lustiges Kabinett mit allen Arten von Eßbarem, die das spanische Klima hervorbringt«.

Restaurant auf der Plaza Mayor

Es ist viel darüber diskutiert worden, was denn die Madrider Küche ausmacht, und ob es überhaupt eine spezifische Madrider Küche gibt. Am besten wird sie wohl mit dem Begriff »Schmelztiegel« definiert, der so gern auf die Stadt angewandt wird, die Zugereiste schnell zu echten Madrilenen macht. In ihren föderativen Kochtopf fließt das Beste aus den verschiedenen Regionen des Landes ein: Fisch und Meeresfrüchte aus Galicien, Zitrusfrüchte und Reis von der Levante, Wein von den Ufern des Ebro und Duero, Weizen aus Kastilien, Milch aus den grünen Nordregionen, Fleisch aus Ávila und Olivenöl aus Andalusien.

Es gibt aber doch ein paar typische Madrider Gerichte, die auch anderswo als *madrileño* zu haben sind, etwa der *Cocido madrileño*, ein Kichererbsen-Eintopf, *Callos madrileños* aus stark gewürzten Kutteln, *Besugo madrileño*, Seebrassen, gespickt mit Zitronenscheiben und *Judías del tío Lucas*, weiße Bohnen nach Art eines längst verstorbenen Madrider Gastwirts. Sogar Spitzenrestaurants führen diese volkstümlichen Gerichte als »Spezialität des Hauses« auf der Speisekarte. Wer baskisch, katalanisch, galicisch essen will oder Spanferkel und Milchlamm aus Kastilien, findet viele regionale Tascas oder Tavernen, Mesones und Restaurants, und daneben gibt es Italienisches, Französisches, Deutsches und Exotisches.

Die Madrilenen sind große Fischesser. Alles aus dem Meer wird so üppig und frisch angeliefert, daß Madrid »der beste Hafen Spaniens« genannt wird. Essen wird wichtig genommen. Es kann hitzige Debatten darüber geben, aus welcher Region das beste Steak, der beste Schinken, der beste grüne Salat oder das beste Gemüse kommen. Lange Zeitungsartikel behandeln Künste und Werdegang von Spitzenköchen. Zufriedene Esser zollten schon immer ihren Köchen Anerkennung. Darum stand auch am Hofe des III. und IV. Philipp der Küchenmeister Martínez Montiño in der Hierarchie auf derselben Stufe wie der geniale Hofmaler Velázquez.

In kaum einem anderen Land nutzen Politiker so sehr wie in Madrid intime Essenseinladungen, um wichtige Entscheidungen zu treffen. Nirgends lassen sich auch nach Ansicht der Madrilenen Freundschaften und Bekanntschaften so gut pflegen wie bei einem Essen in einem Restaurant.

Das Tempo unserer Zeit hat seinen Tribut gefordert, und kaum einer setzt sich noch zweimal am Tage zu ausgedehnten Mahlzeiten zu Tisch. Ob die Hauptmahlzeit mittags oder abends eingenommen wird, hängt vom individuellen Tagesprogramm oder von persönlichen Präferenzen ab. In jedem Falle geht man spät zu Tisch und dehnt das Essen genüßlich aus. Die Restaurants öffnen meist erst um 14 Uhr und empfangen auch noch gegen 16 Uhr ankommende Gäste. Abends wird man kaum vor 21 Uhr eingelassen, und richtig lebendig wird es erst ab 22 Uhr.

Als Vorgericht gibt es kalte oder warme Suppen, vielerlei Salate, Omelettes *(Tortillas)*, Meeresfrüchte oder Gemüse. Große Schüsseln mit Salat sind zu einem der beliebtesten Vorgerichte *(Primer plato)* geworden. Das Hauptgericht aus Fisch oder Fleisch wird ohne Beilagen, allenfalls mit etwas Garnierung für die Augen, serviert. Als Nachtisch *(Postre)* gibt es Traditionelles wie Milchreis, Flan, die der französischen *Crème brûlée* verwandte *Leche frita* oder frisches Obst. In feinen Restaurants ist die Auswahl an Eiscremes, Käse-, Creme- und Obsttorten groß. In munterer Gesellschaft pflegt es nach Beendigung des Mahls bei ausgedehnter *Sobremesa* mit Café und *Copa* (Kognac oder Likör) erst richtig schön zu werden. Zu jeder Mahlzeit gehören Brot und Mineralwasser mit oder ohne Kohlensäure *(con oder sin gas)*. Beim Wein kann man sich durchweg auf die Kennerschaft des Wirts verlassen und den empfohlenen Hauswein trinken, und Anspruchsvolle können unter vielen Gewächsen und Preisen wählen.

Wer nicht soviel essen mag oder die Zeit lieber zum Laufen und Sehen nutzt, bekommt in Cafeterías und Bars Leichtes, wie zum Beispiel ein warmes

MARCO POLO TIPS FÜR RESTAURANTS

1 Arce
Exzellenter Geschmack in Dekor und Küche
(Seite 50)

2 Casa Ciriaco
Illustre Tasca mit illustren Gästen
(Seite 49)

3 Casa Domingo
Wohlbehagen am Retiro-Park mit günstigen Preisen
(Seite 51)

4 El Mentidero de la Villa
Küche und Dekor sind ebenso apart wie gelungen
(Seite 52)

5 La Cocina de Rosa
Großmutter könnte es nicht besser und schöner machen
(Seite 49)

6 La Corralada
Interessantes Publikum inmitten von Keramik
(Seite 53)

7 La Galette
Vegetarisches in sehr hübscher Umgebung
(Seite 53)

8 La Plaza
Man bedient sich selbst bei den köstlichen Gerichten (Seite 53)

9 Sacha
Feine, bewährte Küche und eine schöne Sommerterrasse (Seite 51)

10 Tristana
Essen und Umgebung scheinen teurer als sie es tatsächlich sind
(Seite 53)

Sandwich (doppelter oder dreifacher Toast mit einer Auswahl von Füllungen). Amüsanter ist es, in einer, oder besser in nacheinander mehreren Tascas die vielgerühmten Appetithappen zu sich zu nehmen, deren Bezeichnung *Tapas* schon zum universellen Sprachgebrauch gehört.

In Restaurants werden die meisten der gängigen Kreditkarten angenommen, an den Bars nicht. Die Bedienung ist immer im Preis enthalten. Es ist üblich, darüber hinaus ein Trinkgeld zu hinterlassen, bei kleinen Beträgen zehn Prozent, bei höheren Rechnungen in Restaurants nach Zufriedenheit. Unbedingt beachten sollte man, daß viele Lokale im Sommer einen Monat schließen. Bars und Cafeterías sind durchgehend vom Morgen bis in die Nacht geöffnet. Viele Madrilenen nehmen ihr Frühstück, das aus einem großen Milchcafé mit einem Croissant oder ähnlichem besteht, an der Bar ein. Der frühere Übermut ist in der Krise geschwunden: Die Preise steigen kaum noch.

Man trinkt viel Kaffee und unterscheidet zwischen Milchkaffee in Riesentassen oder Gläsern *(Café con leche)*, *Café cortado* mit einem bloßen Schuß Milch und Espresso *(Café solo)*. »Gemütliche« Cafés mit viel Kuchen und Torten gibt es in Madrid nur als Ausnahme. Einheimische legen aber schon mal am frühen Abend eine *Merienda*, also eine Vesper, ein. Man kann es ihnen gleichtun, und im übrigen kann man an Bars zu jeder Zeit etwas essen. Man kann auch getrost überall hingehen. Ausgesprochene Touristenfallen gibt es nicht. Selbst wenn man den Eindruck hat, daß etwa die Bars und Restaurants mit Tischen auf der *Plaza Mayor* ihre privilegierte Lage ein bißchen ausnutzen, sollte man sich nicht um das Vergnügen bringen, dort etwas zu sich zu nehmen und gemächlich sitzend die Schönheit des Platzes zu genießen.

CAFÉS UND EISDIELEN

T = Terrasse

Acuarela Café (D 3)
Bequeme Bänke, Sessel und Sofas laden in diesem neuen Café zum Ausruhen und Plaudern und zu Tee, Kuchen und Torten aus eigener Herstellung ein. *Tgl. 17.30–1.30 Uhr, Gravina 10, Tel. 532 8735, Metro: Chueca*

Café Espejo (T) (E 3)
Herrlicher Kiosk aus Glas und Eisen im selben nachempfundenen Jugendstil wie das Restaurant. Mit viel Glück bekommt man einen Platz. Das Warten lohnt sich. *Tgl. 10–2 Uhr, Fr u. Sa bis 3 Uhr, Paseo de Recoletos 31, Tel. 3 08 23 47, Metro: Colón*

Café Gijón (T) (E 3)
In diesem historischen Literatencafé treffen sich auch heute noch Schriftsteller, Intellektuelle und die, die sich dafür halten. Zu essen gibt es im schönen Kellerrestaurant. *Tgl. 9–1.30 Uhr, Paseo de Recoletos 21, Tel. 5 21 54 25, Metro: Colón*

Café Ruiz (C 2)
Ein Traditionscafé zum Wohlfühlen mit Spezialitäten wie Mousse de Chocolat, Eiscremes und Gebäck, alles selbstgemacht. *Tgl. 15–3 Uhr, Ruiz 11, Tel. 446 12 32, Metro: Bilbao*

Embassy (E 2)
An keinem anderen Ort kann man so gut, dazu bei exzellentem Tee und Gebäck, die Damen des eleganten Salamanca-Viertels beobachten. Es gibt auch eine Bar für alkoholische Getränke und mittags leichtes Essen. *Tgl. außer Sa im Juli und Aug. 9.30–23 Uhr, Ayala 2, Tel. 4 35 94 80, Metro: Colón*

Nuevo Café Barbieri (C 6)
Café mit anheimelnder Patina in *Lavapiés* mit Marmortischen, Eisensäulen, Klavier und einer Katze als Dauergast. Nostalgische Charme, der alt und jung anzieht. *Tgl. 15–2 Uhr, Sa u. So 12 bis 2.30 Uhr, Ave María 45, Tel. 5 27 36 58, Metro: Lavapiés*

Salon del Prado (C 5)
Nette junge Leute sitzen in dem altmodisch wirkenden Café mit flinker junger Bedienung. Jeden Donnerstagabend machen junge Talente Kammermusik. *Tgl 14 bis 2 Uhr, Prado 4, Tel. 4 29 33 61, Metro: Sol*

TASCAS UND TABERNAS

Kategorie 1
(Essen für eine Person mit Wein etwa 4000 Ptas.)

Carmencita (D 4)
Hier labten sich Federico García Lorca und seine Dichterfreunde an Carmencitas guter, billiger

Die Gourmet-Tempel von Madrid

Cabo Mayor (O)

Die exzellente Küche ist das hervorragende Resultat von Kreativität, Erfahrung und bester Schulung. Das Dekor in diesem Restaurant ist originell und gänzlich ohne Pomp; beides ist am kantabrischen Norden Spaniens orientiert. Perfektion ohne Langeweile macht hier jedes Essen zu einem Fest für Feinschmecker. Ab 6000 Ptas.
Tgl. 13.30—16 und 20 bis 24 Uhr, außer So und 15 Tage im Aug., Juan Ramón Jiménez 37, Tel. 2 50 87 76, Metro: Cuzco

Cenador del Prado (C 5)

Köstliche Moderne in Dekor und auf dem Teller. Ein Restaurant, das immer mehr begeisterte Anhänger gewinnt, die sich gern von den kühnen Kombinationen der delikaten Zutaten überraschen lassen. Ab 8000 Ptas.
Tgl. 14—16 und 21—24 Uhr, außer So, Sa mittags und 14 Tage im Aug., Prado 4, Tel. 4 29 15 49, Metro: Banco, Sol

Horcher (E 4)

Hier taucht man in die traditionelle gepflegte Welt des alten Europa ein, genauer gesagt in die Berliner Lutherstraße, von wo Horcher 1944 in das Madrider Aristokratenviertel am Retiro-Park übersiedelte. Es gibt leicht modernisierte klassische Küche und feinsten, aufmerksamen Service. Ab 10 000 Ptas. *Tgl. 14—16 und 21—23.30 Uhr, außer So, Alfonso XII. 6, Tel. 2 22 07 31, Metro: Retiro, Banco*

Jockey (E 2)

Herrliches Luxusrestaurant mit englischem Dekor und feinster klassischer Küche. Das Jockey wird gerne von Politikern, Geld- und Geburtsadel besucht und hoch gelobt. Ab 10 000 Ptas.
Tgl. 13—16 und 21—24 Uhr, außer So, Feiertage und Aug., Amador de los Ríos 6, Tel. 3 19 24 35, Metro: Colón

Lúculo (T) (D 3)

Dem hohen Anspruch des Namens wird das jüngste Luxusrestaurant Madrids immer mehr gerecht. Für Betuchte mit Sinn für Gaumen-Abenteuer ist es ein Fest. Zum Restaurant gehört eine herrliche Gartenterrasse. Ab 10 000 Ptas.
Tgl. 13.30—16 und 21 bis 24 Uhr, außer So, Sa mittags und feiertags, Genova 19, Tel. 3 08 46 41, Metro: Colón

Zalacaín (T) (O)

Dies ist unbestritten Spaniens bestes Restaurant und eines der Spitzenrestaurants Europas. Es besitzt drei Sterne im Michelin. Das heißt Kreativität mit Gütesiegel. Diskreter Luxus in Dekor, Klientel und Preis. Es gibt eine schöne Gartenterrasse. Ab 12 000 Ptas.
Tgl. 13.15 bis 16 und 21 bis 24 Uhr, außer So, Sa mittags, feiertags und im Aug., Alvarez de Baena 4, Tel. 2 61 59 35, Metro: Nuevos Ministerios

In den Bars gibt es die besten Tapas

Kost. Unter neuer Regie sind die Preise hochgeschnellt, die gute Atmosphäre und das putzige Dekor aber sind geblieben. *Tgl. 13 bis 16 und 21–24 Uhr, Sa u. So geschl., Libertad 16, Tel. 5 31 66 12, Metro: Banco*

Casa Labra (C 4)

Ein Schild erinnert daran, daß hier vom Stammgast Pablo Iglesias im Jahre 1879 die sozialistische PSOE gegründet wurde. Die Spezialität des Hauses, *Bacalao* (Stockfisch) in vielen Varianten, zieht Scharen von Feinschmeckern an. *Tgl. 14–16 und 21–23.30 Uhr, Tetuan 12, Tel. 5 31 00 81, Metro: Sol*

Casa Paco (B 5)

Altstadt-Tasca, aus Reisemagazinen bekannt. Anheimelnde Atmosphäre. Von den Steaks kann man träumen. *Tgl. 13.30 bis 16 und 20.30–24 Uhr, So und im Aug. geschl., Puerta Cerrada 11, Tel. 3 66 31 66, Metro: Latina*

San Mamés (O)

Bei jung und alt beliebte Tasca in *Chamberí* mit Sitzbänken vor Kachelwänden. »Kulinarische Kathedrale« mit Gerichten aus Asturien und dem Baskenland. Treffpunkt von Politikern und Anhängern des *Athletic Bilbao. Tgl. 14–16 und 21–23 Uhr, Sa abends, So u. feiertags geschl., Maudes 1, Tel. 5 34 50 65, Metro: Cuatro Caminos*

Taberna del Alabardero (B 4)

Anheimelnder Jugendstil mit originellen Lampen. Ein buntgemischtes, sympathisches Publikum schätzt hier die baskische Küche. Das Lokal ist die Keimzelle des bis nach Washington reichenden Gastronomie-Unternehmens eines geschäftstüchtigen Jesuitenpriesters und Stierkämpfer-Freundes. *Tgl. 13—16 und 21—24 Uhr, Felipe V.6, Tel. 5 47 25 77, Metro: Ópera*

Kategorie 2
(Essen für eine Person mit Wein etwa 3000 Ptas.)

Casa Ciriaco (B 5)

★ Hier treffen sich Politiker, Schauspieler, Maler und Journalisten. Die sympathische Tasca, deren Wände mit Fotos illustrer Gäste bepflastert sind, ist stets bis auf den letzten Platz besetzt. Die Tische stehen nahe beieinander, das Essen ist beste Hausmannskost, und die Portionen sind großzügig. Vom obersten Stockwerk dieses Gebäudes warf der Anarchist Mateo Morral am 31. Mai 1916 einen Blumenstrauß mit einer versteckten Bombe auf die Karosse des Königspaars, das gerade von seiner Trauung zurückkehrte. Das Paar blieb unverletzt, aber 23 Menschen kamen dabei ums Leben. *Tgl. 13 bis 16 und 10—24 Uhr, Mi und im Aug. geschl., Mayor 84, Tel. 5 48 06 20, Metro: Sol*

Casa Pedro (B 5)

Man muß Steintreppen zu dieser Tasca hinabsteigen, an der alles noch so aussieht wie vor Jahrhunderten: das riesige Herdfeuer mit Kamin, das rustikale Mobiliar. In jüngerer Vergangenheit war hier heimlicher Treffpunkt von Kommunisten. Die Küche ist einfach und gut mit Fleisch vom Grill. *Tgl. 14—16 und 21—24 Uhr, Calle Factor 8, Tel. 5 42 54 54, Metro: Sol, Ópera*

Casa Puebla (F 3)

Alte Tasca ohne besonderes Dekor, die sich im großbürgerli-

chen Viertel *Salamanca* andauernder Beliebtheit erfreut. Die Atmosphäre ist angenehm bei fürsorglich-familiärer Bedienung, das Essen einfach, gut und schmackhaft, und die Rechnung erfreulich reell. *Tgl. 13.30 bis 16 und 21—23.30 Uhr, Príncipe de Vergara 6, Tel. 4 35 12 02, Metro: Retiro*

La Bola (B 4)

Seit die Urgroßmutter des Besitzers 1873 begann, ihre Küchenkünste zahlenden Gästen vorzusetzen, hat diese Tasca sich ihre große Anziehung bewahrt. Politiker, Literaten und Filmschauspieler zählen traditionell zu den Gästen, die besonders dem *Cocido Madrileño* zusprechen. Sehr schön die Holztäfelung der Räume und das tiefe Rot des Außenanstrichs. *Tgl. 13.30—16.30 und 21.30—24 Uhr, So geschl., Calle de la Bola 3, Tel. 5 47 69 30, Metro: Ópera, Santo Domingo*

La Cocina de Rosa (B 5)

★ Man muß an der Tür läuten und eine enge Stiege hinaufsteigen, um in einen hellen Raum zu kommen, der mit seinen Gardinen und Keramiktellern an Großmutters Zeiten erinnert. Die Atmosphäre ist angenehm familiär. Die Inhaberin Rosa Zumárraga steht selbst am Herd und kocht liebevoll leicht modernisierte Klassiker der baskischen Küche. *Tgl. 14—16 und 21 bis 24 Uhr, So abend, Mo und im Juli geschl., Santiago 14, Tel. 5 41 70 12, Metro: Ópera, Sol*

La Colorada (D 2)

Das mit Stierkampfmotiven dekorierte Lokal ist zur Zeit in Mode bei Intellektuellen und Künstlern. Sie stehen Schlange, um einen der wenigen Tische zu bekommen und nehmen den mangelnden Komfort ebenso wie die ungeschliffene Bedienung für das ausgezeichnete Essen in Kauf. Keine Vorbestellung. *Tgl. 13.30–16 und 21–24 Uhr, So, Feiertage und im Aug. geschl., Santa Engracia 49, Tel. 4 55 01 45, Metro: Iglesias*

Kategorie 3
(Essen für eine Person mit Wein etwa 2000 Ptas.)

La Zamorana (B 2)

Die rote Tür und die schönen Kachelbilder der Fassade sind Zeichen der authentischen Tasca. Die Küche ist so baskisch wie die Besitzer und für ihre überragende Qualität bekannt. Überaus freundliche Bedienung und ein Preis-Qualitätsverhältnis, das die Beliebtheit noch erhöht. *Tgl. im Winter 13–16 und 21.30 bis 24 Uhr, So und im Aug. geschl., Galileo 21, Tel. 4 47 11 69, Metro: Arguelles*

Taberna de Antonio Sánchez (C 6)

Eine der alten und berühmten Tavernen im populären *Lavapiés*. Sie wurde im vorigen Jahrhundert von dem Stierkämpfer Antonio Sánchez gegründet, woran noch Porträts berühmter Toreros seiner Zeit und ein gewaltiger ausgestopfter Stierkopf erinnern. Sein Sohn gleichen Namens, ebenfalls Stierkämpfer und dazu noch Maler, versammelte Literaten und Künstler um sich. Einige seiner Bilder hängen im Eßraum. Es gibt einfache Hausmannskost und Spezialitäten wie Mangold mit Muscheln in grüner Sauce. *Tgl. 12–16 und*

20–24 Uhr, So abends geschl., Mesón de Paredes 13, Tel. 5 39 78 26, Metro: Lavapiés

Kategorie 1
(Essen für eine Peron mit Wein etwa 5000 bis 6000 Ptas.)

Arce (D 3)

★ Alles hier hat Qualität und ist zugleich unkonventionell: Küche, Einrichtung, Bedienung. Das Restaurant hat eine große Stammklientel. *Tgl. 13.30 bis 16 und 21–24 Uhr, außer So, Sa mittags und 15.–31. Aug., Augusto Figueroa 32, Tel. 5 22 59 13, Metro: Chueca*

El Comedor (E 5)

Elegantes Restaurant mit ausgezeichneter kreativer Küche, beim Prado und Retiro-Park. Stark frequentiert von anspruchsvollen Gästen des Viertels. Terrasse. Vorbestellung nötig! *Tgl. 13.30–16 und 21 bis 24 Uhr, außer Sa u. So mittags, Montalbán 9, Tel. 5 31 69 68, Metro: Banco, Retiro*

El Espejo (E 3)

Ein Jugendstil-Schmuckkästchen mit baskischer und internationaler Küche. Hier trifft man viele gutaussehende Leute. Sie mögen wohl die vielen Spiegel! *Tgl. 13–16 und 21–1 Uhr, Paseo de Recoletos 31, Tel. 3 08 23 47, Metro: Banco*

Julián de Tolosa (B 5)

Der modern-rustikale Stil fällt ganz aus dem Rahmen der typischen Altstadt-Restaurants. Innerhalb der besten spanischen Küche ist das Fleisch ein beson-

Für den Feinschmecker ein Genuß: Frische Meeresfrüchte

derer Genuß. Unbedingt vorbestellen! *Tgl. 13.30–16 und 21.30 bis 24 Uhr, außer So und Feiertage, Cava Baja 18, Tel. 2 65 82 10, Metro: La Latina*

La Costanilla (B 5)
Den Rahmen für ein vorzügliches Essen bildet schönes modernes Design. Spezialität: zartes Fleisch vom Holzkohlengrill. Herausragend ist der freundliche Service. Man sollte vorbestellen. *Tgl. 14–16 und 21 bis 1 Uhr, außer Mo und Di mittags, Plaza de la Paja 8, Tel. 2 65 61 25, Metro: La Latina*

La Parra (E 2)
Zwischen Tag und Nacht wechseln in dem Lokal Küche und Publikum. Mittags sieht man Diplomaten bei britisch-kolonialen Gerichten, abends essen *Beautiful People* Andalusisches. Vorbestellung nötig! *Tgl. 13.30–16 und 21.30–24 Uhr, außer So, feiertags und Sa mittags, Monte Esquinza 34, Tel. 3 19 54 98, Metro: Ruben Darío*

Paradis (D 5)
Originelles Konzept für Küche und Design. Gekocht wird mediterran, entweder nach alten Rezepten oder nach Vorschlägen verschiedener Meisterköche. Das Restaurant ist beliebt bei Politikern. Vorbestellen! *Tgl. 14–16 und 21–24 Uhr, außer So abends und feiertags, Marqués de Cubas 14, Tel. 4 29 73 03, Metro: Banco*

Sacha (T) (O)
★ Seit Jahren pilgern vorwiegend Intellektuelle zu dem kleinen, bezaubernd intimen Restaurant mit Bistrocharakter. Inhaberin Pitila ist immer dabei. Exzellente Küche mit Spezialitäten aus Galicien. Schöne ruhige Gartenterrasse. Unbedingt vorbestellen! *Tgl. 13–16 und 21 bis 24 Uhr, außer So, Feiertage, Karwoche und Aug., Juan Hurtado de Mendoza 11, Tel. 3 45 59 52, Metro: Cuzco*

Kategorie 2
(Essen für eine Person mit Wein etwa 4000 Ptas.)

Casa Domingo (T) (F 4)
★ Günstig am Retiro-Park gelegenes, hübsches Restaurant mit Jugendstil-Anklängen. Gepflegte, einfache Küche. *Tgl. 13.45–16.30 und 20.45–24*

Uhr, Alcalá 99, Tel. 576 0137, Metro: Retiro

Maldonado 4, Tel. 5 77 77 62, Metro: Núñez de Balboa

Casa Lucio (B 5)
Fast schon eine Institution. Hier kommt auch der König gelegentlich her. Schöne Gewölbe im Erdgeschoß und gute kastilische Küche. Unbedingt vorbestellen! *Tgl. 13–16 und 21–24 Uhr, außer Sa mittags und im Aug., Cava Baja 35, Tel. 3 65 32 52, Metro: La Latina*

El Mentidero de la Villa (D 3)
★ Ein Hauch von Bohème verbindet sich auf das angenehmste mit außergewöhnlichen Gaumenfreuden. Französische Kreationen des japanischen Chefs werden mit Stil serviert. Vorbestellen! *Tgl. 13–16 und 21 bis 24 Uhr, außer So , Feiertage, Sa mittags und im Aug., Santo Tomé 6, Tel. 3 08 12 85, Metro: Tribunal*

Giralda III (E 1)
Andalusisches ohne folkloristischen Schnickschnack mitten im Salamanca-Viertel. Authentische Regionalküche mit Fischspezialitäten. *Tgl. 13–16 und 20–24 Uhr, außer So abends und im Aug.,*

La Ancha I (D 5)
Parlamentsabgeordnete und Minister gehören hier zu den Stammgästen. Verläßliche und bodenständige Küche ohne Experimente. *Tgl. 13 bis 16 und 21 bis 24 Uhr, außer So, Feiertage und Karwoche, Zorilla 7, Tel. 4 29 81 86, Metro: Sol, Banco*

La Ancha II (T) (O)
Die Terrasse ist beliebter sommerlicher Treffpunkt von Politikern, Schauspielern, Autoren und Journalisten. *Tgl. 13–16 und 21–24 Uhr, außer So und Feiertage, Príncipe de Vergara 204, Tel. 5 63 89 77, Metro: Cruz del Rayo, Concha Espina*

La Bodega de Handicap (A 2)
Der Inhaber des hübschen Lokals ist zugleich auch Künstler; seine Schwarzweissfotos zieren die Wände. Exzellente, einfallsreiche Küche. *Tgl. 13–16 und 21 bis 23.30 Uhr, außer So, Buen Suceso 20, Tel. 542 5030, Metro: Arguelles*

Edler Wettstreit

Was man häufig in spanischen Restaurants beobachten kann: Da hat eine Gruppe von Spaniern bei angeregter Unterhaltung scheinbar harmonisch ihr Mahl beendet. Plötzlich jedoch wird es in der Runde laut und heftig. Jeder reckt den Arm hoch und ruft »Ich!«. Zu diesem Zeitpunkt ist der übliche Wettstreit darüber ausgebrochen, wer die Zeche übernehmen darf. Jeder will einladen. Spanier scheinen sich in ihrer Großzügigkeit fast zu überschlagen. Manche behaupten, dieser Charakterzug sei ein arabisches Erbteil. Man braucht die Theorie nicht ernst zu nehmen. Aber man sollte die Einheimischen gewähren lassen, wenn man selbst einmal in ihrer Runde ist, denn am Ende setzen sie sich doch durch, vielleicht sogar um den Preis, sich hinterher erst einmal für ein paar Tage keinen Restaurantbesuch mehr leisten zu können.

La Paella Real (A 4)

Wer valencianische Reisgerichte schätzt, ist in diesem mit viel Plüsch eingerichteten Restaurant nahe dem Königspalast gut aufgehoben. Die Paella wird vielfach abgewandelt. *Tgl. 14 bis 16 und 21–24 Uhr. Auch an Sonn- und Festtagen geöffnet. Arrieta 2, Tel. 5 42 09 42, Metro: Opera*

Samarkand (D–E 6)

So exotisch wie der Name ist das Umfeld dieses Restaurants mit tropischen Pflanzen in der ausrangierten Glas-Eisen-Konstruktion des Bahnhofs Atocha. Die freundliche Bedienung serviert vorzügliches Essen bei moderaten Preisen. *Tgl. 14–16 und 21–24 Uhr, Bahnhof Atocha, Tel. 5 30 97 46 und 5 30 87 21, Metro: Atocha*

Tristana (E 4)

★ Behaglichkeit gepaart mit einfallsreicher Küche. Liegt günstig. Gutes Verhältnis von Preis und Qualität. Vorbestellen! *Tgl. 13.30–16 und 21.30 bis 24 Uhr, außer Sa und So mittags, Montalbán 9, Tel. 5 32 82 88, Metro: Retiro*

Kategorie 3
(Essen für eine Person mit Wein etwa 3000 Ptas.)

Abaco (D 4)

Hier fühlt man sich wohl und ißt sehr gut. Die Torten sind besonders köstlich. *Tgl. 13.30 bis 16 und 20.30–1 Uhr, Jovellanos 6, Tel. 4 29 76 60, Metro: Banco*

El Puchero (C 2)

Gute Hausmannskost und ein Publikum, das hier Erholung von offiziellen Essen findet. *Tgl. 13.30–15.30 und 21–23.30 Uhr,* *Larra 13, Tel. 4 45 05 77, Metro: Tribunal, Bilbao*

La Corralada (F 3)

★ Künstler und Literaten treffen sich bei guter Hausmannskost in anziehendem Rahmen mit Keramik, alten Kupferkesseln, Graphiken und Plakaten. *Tgl. 14–16 und 21–24 Uhr, außer So und feiertags, Villanueva 21, Tel. 5 76 41 09, Metro: Retiro, Velázquez*

La Galette (E 4)

★ Unorthodoxe, vegetarische Küche. Leichte Torten und freundliche Bedienung. *Tgl. 13.30–16 und 21–24 Uhr, außer So und im Aug., Conde de Aranda 11, Tel. 5 76 06 41, Metro: Retiro*

La Plaza (D 5)

★ Man muß dem noblen Hotel Palace dankbar sein, daß es dieses blitzsaubere Lokal eingerichtet hat. Stets frische Salate, Fisch und Fleisch vom Grill. Trotz zahlreicher Tische bekommt man nur schwer einen Platz. Selbstbedienung. *Tgl. 10–23 Uhr, Fr und Sa bis 1 Uhr, So geschl., La Galería del Prado, Plaza de las Cortes 7, Tel. 4 19 65 37, Metro: Banco*

Lerranz (C 5)

✻ Mit futuristischem Dekor sehr in Mode bei jungem Publikum. Traditionelles Essen mit einigen kühnen Tupfern. *Tgl. 13.30–16 und 20.30–1 Uhr, Echegaray 26, Tel. 4 29 06 34, Metro: Sol*

Luarqués (D 5)

Die asturische Küche ist mit ihren moderaten Preisen sehr beliebt. *Tgl. 13.30–16.30 und 21 bis 23 Uhr, außer So abends, Mo und 15. 7.–1. 9., Ventura de la Vega 16, Tel. 4 29 61 74, Metro: Banco, Sol*

Shopping mit Pfiff

Madrid bietet die Glitzerwelt eleganter Läden, aber auch südländische Marktatmosphäre

Madrid ist ein Paradies zum Einkaufen und Anschauen von Neuem und Exquisitem sowie von Altem und Kuriosem. Beides ist faszinierend und vergnüglich. Vielleicht läßt sich sogar ein Schnäppchen machen. Dazu sind vor allem die *Rebajas de Temporada* (Schlußverkäufe) nützlich im Juni und Juli (im August schließen viele Geschäfte) und Ende Dezember bis in den Februar. Einzelne Geschäfte finden auch zwischendurch einen Grund oder Vorwand, um ihre Preise herabzusetzen. Mit den Öffnungszeiten ist man generell großzügig und flexibel. Als Faustregel gilt von 9.30–13.30 und 17–20 Uhr. Wer etwas auf seinen Laden hält, macht nicht vor 10 Uhr auf, manche Geschäfte schließen samstags ganz. Kaufhäuser sind durchgehend, auch am Samstag, von 10–20 Uhr geöffnet. Viele Lebensmittelgeschäfte versorgen ihre Kunden am Sonntagmorgen auch mit frischem Brot. Die Delikatessengeschäfte, die kalte oder warme Gerichte zum Mitnehmen anbieten, werden sonntags geradezu belagert.

Zum Stöbern: die Buchstände an der Cuesta Claudio Moyano

Bücherfreunde sollten sich die *Bouquinistes* der *Cuesta Claudio Moyano* südlich des Botanischen Gartens nicht entgehen lassen. Interessant ist das Antiquariat im Mai auf dem *Paseo de Recoletos* bei der *Feria del Libro de Ocasión*. Im Juni findet die *Feria del Libro* mit Hunderten von Buchhändlern im Retiro-Park statt.

Im vornehmen *Barrio de Salamanca* konzentriert sich, was teuer ist: internationale Mode, Kunstgalerien und Antiquitätenhändler. An der Straße *Serrano* sind die feinsten Juweliere angesiedelt. Kostbare Juwelen findet man auch an der *Gran Vía*. Grassy hat sogar ein eigenes Uhrenmuseum, das täglich außer Sonntag von 10 bis 13 Uhr und 17 bis 20 Uhr frei zugänglich ist. Junge, aber nicht gerade billige Mode regiert in den Straßen *Almirante, Conde de Xiquena* und *Argensola*. Dort sind auch die meisten der spanischen Modemacher zu Hause.

Die Altstadt hat dagegen Althergebrachtes bis Skurriles zu bieten. Es lohnt allein ein Blick in die alte Apotheke der *Calle Mayor 59*, die sich *Antigua Farmacia de la Reina* nennt, oder auch ein Gang durch die *Cava Baja*, wo Manuel López in der Nummer 10 vom Kornsieb über Mörser

MARCO POLO TIPS FÜRS SHOPPING

1 <mark>Alexandra Bellinger</mark>
Schmuck-Unikate von
einer Meisterin (Seite 61)

2 Arte de Reloxes
Alte Uhren, liebevoll
gepflegt (Seite 56)

3 <mark>Campomania</mark>
Traumladen für schöne
Geschenke (Seite 59)

4 Moda Shopping
Alles zum Anziehen für sie
und ihn, dazu Kunst und
Erfrischung (Seite 60)

5 Galeria del Prado
Feine Läden in schöner
Umgebung (Seite 60)

6 Horno La Santiaguesa
Pikantes und Süßes in
altem Laden (Seite 57)

7 Loewe
Exquisites aus feinstem
Leder (Seite 61)

8 Mercado de San Miguel
Alter, schöner Markt
(Seite 60)

9 Seseña
Capes wie von spanischen
Granden (Seite 61)

10 Turner
Ein Eldorado für
Leseratten
(Seite 57)

bis zu Maulkörben fürs Vieh noch ganz auf ländliche Kundschaft eingestellt ist. In einem Laden der Straße *Santiago* kaufen einige Bewohner noch in handlichen Körben Kohle für ihre Öfchen. Nebenan kann man verschiedene Honigsorten sehr preiswert erstehen. Antiquitäten gibt es nicht nur im Salamancaviertel und auf dem Rastro. Allein in der *Calle del Prado* mit nur 29 Häusern sind Antiquitäten in 15 Läden zu bekommen, und nebenan in der *Calle Santa Catalina* und der *Plaza de Santa Ana* befinden sich noch weitere interessante Stöberläden.

Als kühnes Unternehmen ohne Fortune hat sich der *Mercado de la Puerta de Toledo* erwiesen, eine exklusive Ladengalerie, die in dem ehemaligen Fischgroßmarkt eingerichtet wurde, von dem der Rotsteinturm im Bauhausstil erhalten blieb. Potente

Käufer orientierten sich anderswo. Selbst Publikum, das am Sonntag vom nahen Flohmarkt Rastro zum blossen Schauen überschwappte, bleibt mehr und mehr aus, und immer mehr Läden mit edlen Antiquitäten und anspruchsvollem Originaldesign schließen.

Lebhaft, ohne Gedränge oder Hast, geht es dagegen in *Moda Shopping* zu, einem eleganten Ladenzentrum im modernen Norden Madrids mit viel Licht, Grün und Springbrunnen, das seine Klientel weitgehend von den vielen umliegenden Büros bezieht. Die Läden des architektonisch reizvollen Zentrums bieten vorwiegend und in vielen Variationen Mode für sie und ihn. Zu Erfrischung und Stärkung laden Bars und Restaurants und zur Bildung ein Kunstbuchladen sowie ein Saal mit wechselnden Kunstausstellungen ein.

ANTIQUITÄTEN

Arte de Reloxes **(C 5)**
⭐ Es tickt, klingt und schlägt, denn alle alten Uhren funktionieren. Es gibt auch schöne Reiseuhren aus Silber und Messing. *Plaza de Santa Ana 10, Metro: Sol*

Centro de Anticuarios Lagasca **(F 3)**
Neun Händler unter einem Dach, da braucht man kaum zu laufen. *Lagasca 36, Metro: Serrano*

Duran **(E 3)**
Eines der größten Auktionshäuser in Madrid. Zu besichtigen sind Gemälde, Zeichnungen, Graphiken und Skulpturen neben antiken Stücken. Die Auktionen werden jeweils in den Tageszeitungen angekündigt. *Serrano 12, Metro: Retiro*

BIJOUTERIE

Carmen García **(D 5)**
Modeschmuck von leicht Erschwinglichem bis zu sehr Teurem, in jedem Falle Geschmackvolles, wird in zwei Läden angeboten. Neben Arbeiten namhafter Designer bestechen Fundstücke der ekuadorianischen Valdivia-Kultur, edel in Silber gefaßt. *Galería del Prado (Hotel Palace), Metro: Banco*

BÜCHER

La Avispa **(D 3)**
Alles über Theater in Spanisch, Deutsch, Englisch und Französisch. *San Mateo 30, Metro: Tribunal, Alonso Martínez*

Librería San Ginés **(B 4)**
Hier liegt unter freiem Himmel Altes und Antiquarisches. Der Stand hat Tradition und ist hübsch anzusehen. *Pasadizo de San Ginés 2, Metro: Sol*

Librería Gaudí **(D 3)**
Fundgrube für Literatur über Kunst und Archäologie in verschiedenen Sprachen. *Argensola 13, Metro: Colón*

Libros Argensola **(D 6)**
Kunst, Architektur, Design und Fotografie in Spanisch, Englisch, Französisch. *Doctor Mata 1, Metro: Atocha*

Turner **(D 2)**
⭐ Große Auswahl an spanischen, deutschen, englischen und französischen Büchern. *Génova 3, Metro: Alonso Martínez*

DELIKATESSEN

Horno La Santiaguesa **(B 5)**
⭐ Von Canapés bis zu Torten ein Vielerlei an Pikantem und Süßem. *Mayor 73, Metro: Sol, Opera*

Semón **(O)**
Pikante wie süße Leckereien, Spezialitäten aus Katalonien, zum Mitnehmen und direkten Verzehr. *Capitan Haya 23, Metro: Cuzco*

Mallorca
Was vor einem guten halben Jahrhundert als eine einfache Bäckerei begann, ist heute zu einem großen Unternehmen mit fünf Feinschmeckerläden geworden. *Alberto Alcocer 48, Metro: Colombia; Bravo Murillo 7, Metro: Quevedo; Comandante Zorita 39, Metro: Cuatro Caminos; Serrano 10, Metro: Retiro; Velázquez 59, Metro: Velázquez*

Vips

♁ Hier bekommt man so gut wie alles, was man zu ungewöhnlichen Zeiten unbedingt haben muß, von Zeitungen über Fotomaterial (entwickelt wird in zwei Stunden), Schallplatten, Kosmetika bis zu exquisiten Nahrungsmitteln. Stets Sonderangebote an Kunstbänden. Die über die ganze Stadt verstreuten Läden sind mit ihren Cafeterías beliebte Treffpunkte, besonders bei der Jugend. *Alberto Aguilera 56, Metro: Arguelles; Gran Vía 43, Metro: Gran Vía; O'Donnell 17, Metro: Príncipe de Vergara; Orense 16, Metro: Nuevos Ministerios; Orense 79, Metro: Cuzco; Paseo de la Castellana 83, Metro: Nuevos Ministerios; Paseo de La Habana 17, Metro: Nuevos Ministerios; Princesa 5, Metro: Plaza de España; Velázquez 84, Metro: Núñez de Balboa; Velázquez 136, Metro: Avenida de América*

FLOHMÄRKTE

Rastro (B 6)

Drei Regeln sollte man beachten, bevor man sich am Sonntagmorgen ins Getümmel dieses Marktes der unbegrenzten Möglichkeiten stürzt: vor Dieben auf der Hut sein, bequeme Schuhe tragen und sich von Plunder nicht abschrecken lassen. Der *Rastro* verästelt sich in Nebenstraßen der *Ribera de los Curtidores*, an der es drei große *Galerías*

Bunte Fächer als hübsche Souvenirs

genannte Komplexe um Innenhöfe mit fest etablierten, täglich geöffneten und meist seriösen Antiquitätenhändlern gibt. Antiquitäten oder schlicht Altes wird überall ausgebreitet. Kunst und Kitsch ist die Spezialität der Straße *San Cayetano*, alte Kleidung und Modeartikel am Ende der *Plaza Vara del Rey*, die zu den interessantesten Winkeln gehört, und am *Campillo Mundo Nuevo* gibt es Bücher, Schallplatten und Kassetten. Lustig ist der Tiermarkt in *Fray Ceferino González*. Überall darf und muß gefeilscht werden. Am besten bietet man anfangs etwa ein Drittel des Geforderten. Erfrischung gibt es in vielen Tascas und Bars. *Metro: Tirso de Molina*

Plaza del Conde de Barajas (B 5)
Der Platz ist ideal für Maler und Keramiker, die hier an Sonn- und Feiertagen ihre Arbeiten ausbreiten. *Metro: Sol*

GESCHENKE

Antigua Casa de Talavera (B 4)
Die Fassade besteht aus alten Kacheln. Innen historische Keramik berühmter Manufakturen. Man kann auch Reproduktionen alter bemalter Kacheln kaufen. *Isabel la Católica 2, Metro: Plaza de España*

Artespaña
Staatlich gefördertes Handwerk: Zinn, Glas, Leinen, Keramik, oft nach historischen Vorbildern. *Don Ramón de la Cruz 33, Metro: Lista; Hermosilla 14, Metro: Velázquez; Velázquez 140, Metro: Avenida América*

Campomania (B 4)
★ Ein zauberhafter Laden mit Kompositionen aus getrockneten Blumen; von der Inhaberin ebenso selbst erdacht wie ihre bemalten Kissenplatten. *Campomanes 10, Metro: Opera*

Centro de Arte Reina Sofia (D 6)
Im Museumsladen gibt es hübsche Mitbringsel, z. B. Arbeiten von Chelo Sastre und anderen Silberschmieden. *Tgl. 10 bis 21 Uhr, außer Di, So —14.30 Uhr, Santa Isabel 52, Metro: Atocha*

José Ramírez (C 5)
José Ramírez III. ist der Senior der Familie, die seit 120 Jahren klassische und Flamencogitarren baut. Nur 400 Instrumente werden pro Jahr gefertigt. Preise: bis zu einer Million Ptas. *Concepción Jerónima 2, Metro: Sol.*

La Compañia de la China y del Oriente (E 4)
Ein Kunststück vollbringt, wer in dieser kleinen Fundgrube

nichts zum Mitbringen oder auch Anziehendes für sich selbst findet. *Conde de Aranda 14, Metro: Retiro*

KAUFHÄUSER

In den beiden großen Kaufhausketten *El Corte Inglés* und *Galerías Preciados* gibt es alles: Mode, Wäsche, Geschenke, Nützliches für Heim und Herd, Supermärkte, Cafeterías, Reisebüros, Zeitungen, Friseure, Geldwechsel und Dolmetscherdienste.

El Corte Inglés

Goya 76, Metro: Goya; Preciados 3, Metro: Sol; Princesa 42, Metro: Arguelles; Raimundo Fernández Villaverde 79, Metro: Nuevos Ministerios Nach der Übernahme des Unternehmens *Galerías Preciados* kommen noch hinzu: *Arapiles 10, Metro: Quevedo; Goya 87, Metro: Goya; Plaza de Callao 1, Metro: Callao; Serrano 47, Metro: Serrano*

KUNSTGALERIEN

Es gibt über hundert, und sie sind über die ganze Innenstadt verstreut. Schwerpunkte bilden das Salamanca-Viertel, das Gebiet um die Straßen *Almirante* und *Argensola*, sowie die Umgebung des Kunstzentrums Reina Sofía. Sie widmen sich vorwiegend junger Kunst und veranstalten Einzel- oder Kollektivausstellungen ihrer Künstler.

LADENGALERIEN

Galeria del Prado   (D 5)
★ Angenehm ruhig, ohne Massenbetrieb. Ausgesucht feine Läden. In der Mitte kann man gemütlich sitzen und etwas essen

oder trinken, auch im Selbstbedienungsrestaurant, das zum Hotel Palace gehört. *Plaza de las Cortes 7, Metro: Banco*

Moda Shopping   (O)
★ Nicht nur Mode aller Art, auch Bücher und Kunst erwarten Käufer und Betrachter in gepflegter Umgebung, die zum Verweilen einlädt. *General Perón 40, Metro: Cuzco, Nuevos Ministerios*

MÄRKTE

Jeder Stadtteil hat seine Markthalle mit einer Fülle an Obst, Gemüse, Fisch, Fleisch, Wurst, Käse und vielem mehr. *An Sonn- und Feiertagen sowie mittags sind die Hallen geschlossen.*

Mercado de San Miguel   (B 5)
★ Schöne Eisenkonstruktion mit vielen Schnörkeln. Hier kennt jeder jeden, und es geht freundlich-familiär zu. *Plaza de San Miguel, Metro: Sol*

MODE

Überall in der Stadt gibt es Modeläden mit internationalem Angebot und nicht billiger als anderswo. Besonderes bieten:

Adolfo Dominguez   (E–F 2)
Einfachheit ist die Devise dieses erfolgreichen Modemachers für Damen und Herren. *Ayala 21, Metro: Serrano; Serrano 96, Metro: Núñez de Balboa; Ortega y Gasset 4, Metro: Colón*

Don Algodón
Alles aus Baumwolle für junge Leute. *Claudio Coello 52, 54, 57, Metro: Serrano; Serrano 78, Metro: Núñez de Balboa*

Auf den Flohmärkten sollte unbedingt gefeilscht werden

Loewe (E 3)
★ Erlesenes aus feinem Leder und edlen Stoffen. *Serrano 26 und 34, Metro: Colón;* (D 4) *Gran Vía 8, Metro: Banco*

Seseña (D 3)
★ Capes, die im Winter wärmen und am Abend Furore machen. Ein elegantes und nicht ganz billiges Mitbringsel aus Madrid. *Cruz 23, Metro: Sol*

SCHALLPLATTEN

Crisol (F 1)
Rock, Pop und Klassisches in großer Auswahl. *Juan Bravo 38, Metro: Diego de León*

Real Música (B 4)
Riesenauswahl auf fünf Etagen, alte und klassische Musik. *Carlos III. 1, Metro: Ópera*

SCHMUCK

Alexandra Bellinger (D 3)
★ Die gebürtige Deutsche entwirft und schmiedet Schönes und Kostbares aus Gold und edlen Steinen. *Conde de Xiquena 5, Metro: Recoletos, Colón*

Joaquin Berao (D 3)
Aus Gold, Silber und Bronze schmiedet der vielgerühmte Designer originelle Schmuckstücke. *Conde de Xiquena 13, Metro: Recoletos*

Plata Viva (D 3)
Herrliche Silberarbeiten junger spanischer Schmuckdesigner. *Argensola 2, Metro: Alonso Martínez*

SÜSSE SACHEN

Casa Mira (C 5)
Traditionsladen für Marzipan und Turrón. *Carrera de San Jerónimo 30, Metro: Sevilla*

Horno del Pozo (C 5)
Die Einrichtung des Hauses stammt noch aus dem Jahre 1830. Das wunderbare Gebäck nach alten Rezepten ist stets frisch. Spezialität: Blätterteig. *Pozo 8, Metro: Sol*

WÄSCHE UND DESSOUS

O qué Luna!
Herrliche Negligées. *Ayala 32, Metro: Velázquez; Galería del Prado, Metro: Banco*

Traumhaft schlafen

Neben den großen Luxus-Herbergen gibt es in Madrid auch kleine gemütliche Altstadthotels

Madrid ist keine Stadt mit Fremdenverkehrstradition. In früheren Zeiten reiste man vorwiegend geschäftlich oder zu Verhandlungen mit der allmächtigen Zentralregierung in die Hauptstadt. Dafür war Madrid mit guten und komfortablen Hotels ebenso gerüstet wie für Reisende mit kleinem Budget. Touristische Romantik war nicht gefragt und ist daher selbst heute in der Hotelszenerie kaum zu finden. Für den modernen Luxusliebhaber gibt es natürlich das Ritz mit seinem Belle-Epoque-Charme. Den kann aber durchaus jeder genießen, der bereit ist, für einen kleinen Kaffee in der Halle mindestens 600 Peseten auszugeben. Vorausgesetzt natürlich, daß er nicht etwa versucht, dem Portier in kurzen Hosen und T-Shirt unter die Augen zu treten. Unterhaltsamer, aber nur wenig billiger, ist es unter der Glaskuppel des fast ebenso pompösen Hotel Palace, wo ab 20 Uhr ein Pianist für Unterhaltung sorgt.

Wer für das Übernachten nicht 57 000 Peseten ausgeben kann oder will, hat eine gute Auswahl von bescheideneren Unterkünften. Außer neuen funktionalen Hotelpalästen stehen Hotels mit gutem oder ausreichendem Komfort bereit, und für schmale Geldbörsen gibt es viele kleine Altstadthotels, die häufig nur aus ein paar Zimmern von früher einmal stattlichen Etagenwohnungen bestehen und statt Hotel *Hostal* heißen. Selbst in dieser Kategorie gilt, auch wenn die übrige Ausstattung einfach oder sogar karg ist, das private Bad durchweg als Selbstverständlichkeit.

Der Ausstattungsstandard der Madrider Hotels kann sich auf allen Ebenen sehen lassen und braucht den Vergleich mit anderen Hauptstädten nicht zu scheuen. Leider können sich aber auch die Preise mit ihnen messen und liegen vielfach sogar höher. Wer mit der Vorstellung nach Madrid reist, hier noch billig leben zu können, täuscht sich sehr. Selbst in den kleinen Etagenherbergen muß man mit mindestens 3000—5000 Peseten pro Nacht rechnen.

Die Madrider Hotellerie kennt außer den mit GL für *Gran Lujo* bezeichneten Hotels fünf Kategorien: Luxus mit fünf Sternen, vier Sterne für hohen Komfort, drei für guten und zwei Ster-

Ein königliches Haus mit fünf Sternen: das Hotel Ritz

ne für ausreichenden Komfort. Bei einem Stern ist die Ausstattung sehr einfach.

Die Preise verstehen sich in jedem Falle für ein Doppelzimmer ohne Frühstück. Sie enthalten die Bedienung, aber keine Mehrwertsteuer, für die in Luxushotels zwölf Prozent, in den übrigen sechs Prozent hinzukommen. Einzelzimmer sind meist 30 bis 40 Prozent billiger als die Doppelzimmer, in denen zwei Betten oder ein großes französisches Bett *(matrimonio)* stehen können. Einige Hotels haben sich auf Frühstücksbuffets umgestellt. Aber es bleibt die für alle romanischen Länder typische Regel: Orangensaft, Kaffee oder Tee, Brötchen und ein leichtes süßes Gebäck, Butter, Marmelade, Honig, alles fast immer in Normpackungen. Für Sonderwünsche muß man extra zahlen.

Außerhalb der Reisesaison könnte man wohl ohne Zimmerreservierung unterkommen, aber zur Sicherheit sollte man vorbestellen. Wenn man es telefonisch macht (Englisch wird durchweg verstanden), muß die Reservierung schriftlich bestätigt werden. Man kann natürlich auch ein Telex oder Fax schicken. Am einfachsten ist die Reservierung über ein heimisches Reisebüro. Die spanischen Touristenbüros geben nur Auskünfte und vermitteln keine Zimmer. Dasselbe gilt für derartige Anlaufstellen in Madrid. Flugreisende ohne Unterkunft können sich auf dem Flughafen *Barajas* an den Vermittlungsschalter wenden, *Tel. 2 05 42 24*. Er ist durchgehend von 7 bis 24 Uhr geöffnet. Auch *Chamartín*, der Bahnhof für Fernzüge, hat eine Zimmervermittlung, *Tel. 3 15 78 94*.

MARCO POLO TIPS FÜR HOTELS

1 **Ambassador**
Gediegenes Wohnen in einem Palast (Seite 65)

2 **Asturias**
Begegnung mit Glanz von früher (Seite 69)

3 **Colón**
Erschwingliches Hotel mit Pool (Seite 68)

4 **Miguel Angel**
Unaufdringliche Eleganz (Seite 67)

5 **Monte Real**
Zum Ausruhen und Schwimmen gut geeignet (Seite 67)

6 **Opera**
Komfort in günstigster Lage (Seite 70)

7 **Principe Pio**
Mit Blick auf den Königspalast (Seite 69)

8 **Regina**
Gediegene Tradition, aufpoliert (Seite 70)

9 **Santo Domingo**
Ganz neu und ganz modern im Zentrum (Seite 69)

10 **Wellington**
Begegnung mit dem Stierkampf (Seite 68)

Sie ist außer sonntags von 9 bis 19 Uhr und samstags bis 13 Uhr geöffnet und gehört ebenso wie die Vermittlung am Bus-Terminal Colón der Agentur Brújula: *Tel. 5 71 52 91.*

Die hier angeführten Hotels sind in drei Kategorien oder Preisgruppen gegliedert. Gruppe A umfaßt Hotels für gehobene und hohe Ansprüche mit Preisen ab 20 000 Ptas. In der Gruppe B der Hotels mit mittlerem Komfort kostet eine Nacht mindestens 7500 Ptas., und in den einfachen oder sehr bescheidenen Hotels und *Hostales* der Gruppe C muß man mit mindestens 3500 Ptas. rechnen.

HOTELS PREISGRUPPE A

(für hohe Ansprüche ab 20 000 Ptas.)

Ambassador
(auch Tryp Ambassador)   (B 4)
★ ⬥ Ein neues Hotel in einem alten Adelspalast, nur ein paar Schritte vom Königspalast entfernt. Ideal für hohe Ansprüche. Ein glasgedeckter Innenhof, Terrassen, Patios und helle Salons mit viel Grün machen das Hotel zu einer Oase inmitten der Innenstadt. Den Eigenarten des Palastes folgend, sind die Zimmer unterschiedlich groß. In jedem Falle ist der Raum mit viel Geschmack für individuelles Wohlbefinden genutzt. Sehr professioneller und freundlicher Service. 182 Zimmer und Suiten. *Cuesta de Santo Domingo 5, Tel. 5 41 67 00, Metro: Ópera, Santo Domingo*

Castellana-Intercontinental   (O)
Luxus, Großzügigkeit und exzellenter Service – Sonderklasse der Interconti-Kette. Einen besonderen Anziehungspunkt stellt der Patio-Garten dar, in dem man sich zum Drink treffen und an Sommerabenden gut essen kann. Beliebt sind die Konzertnachmittage mit Tee und Gebäck. 310 Zimmer und Suiten. *Paseo de la Castellana 49, Tel. 3 10 02 00, Metro: Rias Rosas*

Eurobuilding   (O)
Elegantes modernes Hotel im Norden Madrids mit perfektem Service. Großzügige Raumgestaltung mit viel Marmor. Lebhafter Konferenzbetrieb in den zahlreichen Sälen. Sehr attraktiv ist im Sommer das Schwimmbad mit Bar auf dem Dach. 421 Zimmer. *Padre Damian 23, Tel. 3 45 45 00, Metro: Cuzco*

Meliá Castilla   (O)
Ein großer moderner Hotelpalast mit viel Komfort, Salons, Schwimmbad, Gymnastikraum, mehreren Restaurants und Gartenterrasse. Mit im Haus: Die vielgerühmten Shows der »Scala«. 936 Zimmer. Behindertengerecht. *Capitán Haya 43, Tel. 5 71 22 11, Metro: Cuzco, Tetuán*

Meliá Madrid   (B 3)
Elegantes Hotel, dessen Größe nicht erdrückend wirkt. Die Lage nahe der *Plaza de España* macht es zu einem guten Ausgangspunkt für Streifzüge bei Tag und Nacht. Friseur, Sauna und Gymnastikraum gehören zum großen Komfortangebot. 266 Zimmer. *Princesa 27, Tel. 541 82 00, Metro: Plaza de España*

Mindanao   (O)
Schwimmbäder für gutes wie für schlechtes Wetter gehören zu

Madrider Luxushotels

Palace (D 5)

In diesem schönen Hotelpalast der Belle Époque herrscht immer lebhafter Betrieb, der nie Langeweile aufkommen läßt. Da gehen Politiker ein und aus, werden Hochzeiten mit vielen eleganten Gästen gefeiert, geben Institutionen Empfänge oder halten Pressekonferenzen ab. Am schönsten ist die Rotunde mit hoher buntbemalter Glaskuppel, ein idealer Platz zum Plaudern. Die Bar ist ein in der ganzen Stadt bekannter und beliebter Treffpunkt. 500 Zimmer und Suiten. Ab 50 000 Ptas. *Plaza de las Cortes 7, Tel. 429 75 51, Metro: Banco*

Ritz (D 5)

Ein königliches Hotel und ein Hotel für Könige, das 1910 von König Alfons XIII. eingeweiht wurde. Wer nächtigen will, wo ausländische Potentaten absteigen, muß 57 000 Peseten bezahlen und noch viel mehr für die Krone der Suiten, die Königssuite. Vor rund 75 Jahren kostete eine Nacht hier noch ganze sieben Peseten. Das Ritz hebt sich von der Fünfsterne-Luxuskategorie durch ein GL für *Gran Lujo* ab. Seit es vor einigen Jahren von dem britischen *Trust Houses Forte* übernommen wurde, ist es frisch aufgeputzt worden. Für einen Drink am Sommerabend im Garten muß man tief in die Tasche greifen, aber es ist zauberhaft. Auf der Terrasse läßt es sich unter freiem Himmel köstlich speisen, und einmal im Monat gibt es in der Halle ein Konzert mit renommierten Musikern. 158 Zimmer und Suiten. Ab 57 000 Ptas. *Plaza de la Lealtad 5, Tel. 521 28 57, Metro: Banco*

N. H. Santo Mauro (E 2)

An diesem erst kürzlich eingeweihten Hotel im ehemaligen Palast der Herzogin von Santo Mauro ist alles erlesen, und das hat natürlich seinen Preis. Exklusivität für die »*Happy Few*«. Die Innenausstattung mit Möbeln des Art Nouveau aus Frankreich und England ist bis ins kleinste Detail ausgeklügelt. Jede der 37 Suiten hat ihren eigenen Stil. Der große Garten bietet sich für rauschende Feste an, und in der Küche waltet einer der renommiertesten Chefs. 37 Suiten. Ab 46 000 Ptas. *Zurbano 36, Tel. 319 69 00, Metro: Ruben Dario*

Villa Magna (E 2)

Dieses Hotel der GL Superklasse bietet modernen Luxus. Die weiten Räume haben Marmorfußböden und sind mit antiken Möbelstücken ausgestattet. Es ist das bevorzugte Hotel des internationalen Geldadels. Auch Stars mit Gold in der Kehle, wie etwa Julio Iglesias, und ausländische Politiker schätzen es. Wer die eleganteste der Suiten bewohnen will, muß schon 200 000 Ptas. bezahlen. 194 Zimmer und Suiten. Ab 65 000 Ptas. *Paseo de la Castellana 22, Tel. 576 75 00, Metro: Colón*

Die buntbemalte Glaskuppel im Hotel Palace

den Annehmlichkeiten dieses Komforthotels nahe dem Universaitätsviertel. 289 Zimmer. *San Francisco de Sales 15, Tel. 549 5500, Metro: Cuatro Caminos*

Miguel Angel (E 1)

★ Anspruchsvolle fühlen sich in der diskreten Eleganz dieses Hotels wohl. Viele Extras wie Garten, Schwimmbad und die Diskothek »Zacarias«. 287 Zimmer. Behindertengerecht. *Miguel Angel 32, Tel. 4 42 81 99, Metro: Ruben Darío, Iglesias*

Monte Real (Tryp Monte Real) (O)

★ Im Villenvorort *Puerta de Hierro*, nahe dem Golfplatz, ist dieses Hotel mit Garten, Schwimmbad und Sauna ein Ort zum Entspannen. Atmosphäre und Publikum sind, dem Umfeld entsprechend, exklusiv. 77 Zimmer. Behindertengerecht. *Arroyo Fresno 17, Tel. 3 16 21 40*

N. H. Sanvy (E 3)

Äußerst günstig gelegenes, sehr komfortables Hotel, dem die kürzliche Renovierung gut getan hat. Alle modernen Einrichtungen und sympathischer Service. 141 Zimmer. *Goya 3, Tel. 5 76 08 00, Metro: Colón*

Husa Princesa (A 2)

Sehr komfortabler Hotelpalast für Gäste, die Extras wie Sauna und Friseur schätzen. 275 Zimmer. Behindertengerecht. *Serrano Jover 3, Tel. 5 42 35 00, Metro: Arguelles*

Tryp Fenix (E 3)

Traditionelles Komforthotel, das von den neuen Besitzern der Tryp-Kette modernisiert und aufgefrischt worden ist. 228 Zimmer. *Hermosilla 2, Tel. 4 31 67 00, Metro: Colón*

Plaza (B 3)

Das große Hotel war der Stolz der Madrilenen der 50er Jahre mit dem Luxus der Zeit im riesigen Edificio de España, das weit in die Landschaft blickt. *Plaza de España, Tel. 2 47 12 00, Metro: Plaza de España*

Villa Real (D 5)

Als junger Nachbar des Palace und des Ritz hat sich dieses Luxushotel in einem alten schönen Gebäude etabliert. Es zeigt dem Platz am Parlament, der *Plaza de las Cortes*, eine postmoderne Fassade und bietet innen, was zahlungskräftige Gäste schätzen. Eine schöne Gartenterasse gehört zu den Annehmlichkeiten. 115 Zimmer und Suiten. *Plaza de las Cortes 10, Tel. 4203767, Metro: Banco*

Wellington (F 3)

★ Betuchte Kampfstierzüchter gehören zu den traditionellen Gästen dieses gediegenen Hotels. Zentrale Lage im vornehmen *Barrio de Salamanca* mit seinen Boutiquen, nahe dem Prado und dem Retiro-Park. Zu dem Hotel gehört das Flamenco-Lokal »Zambra«. 261 Zimmer. *Velázquez 8, Tel. 5754400, Metro: Retiro*

HOTELS PREISGRUPPE B

(für mittlere Ansprüche ab 12 000 Ptas.)

Agumar (F 6)

Gut geführtes Hotel beim Atocha-Bahnhof. Retiro-Park, Botanischer Garten und die großen Kunsttempel sind bequem zu erreichen. 252 Zimmer *Paseo Reina Cristina 7, Tel. 5526900, Metro: Atocha*

Aitana (O)

Gepflegtes Hotel in verkehrsgünstiger Lage im Norden. Bar, Cafetería und alle modernen Einrichtungen. 111 Zimmer. *Paseo de la Castellana 152, Tel. 3441142, Metro: Cuzco*

Alcalá (F 3)

Komforthotel nahe dem Retiro-Park und den Luxusgeschäften des Salamanca-Viertels mit Sauna und Gymnastikraum. Sein baskisches Restaurant zählt zu den Gourmettempeln. 153 Zimmer. *Alcalá 66, Tel. 4351060, Metro: Príncipe de Vergara*

Aristos (O)

Kleines sympathisches Hotel mit hübschem Garten im Norden Madrids. 25 Zimmer. *Pio XII. 34, Tel. 43 45 04 50, Metro: Pio XII.*

Arosa (C 4)

Angenehmes, vollklimatisiertes Hotel im betriebsamen Zentrum bei der *Gran Vía*. Die Zimmer sind gut, aber klein. 139 Zimmer. *De la Salud 21, Tel. 5321600, Metro: Gran Vía*

Carlos V. (C 4)

Behagliches Hotel garni in renoviertem Altstadtgebäude. 67 Zimmer. *Maestro Victoria 5, Tel. 5314100, Metro: Sol*

Carlton (O)

Traditionshotel beim Atocha-Bahnhof, mit vielen Annehmlichkeiten. 112 Zimmer. *Paseo de las Delicias 26, Tel. 5397100, Metro: Atocha*

Colón (O)

★ Leicht abseits der Innenstadt, aber viel Komfort für relativ günstige Preise. Garten, Sauna und Schwimmbad. 389 Zimmer. *Doctor Esquerdo 117/119, Tel. 5735900, Metro: O'Donnell*

Convención (O)

Moderner Hotelgigant, nicht weit vom Retiro-Park mit Zimmersafes. Friseur im Haus. 790 Zimmer. *O'Donnell 53, Tel. 5 74 68 00, Metro: O'Donnell*

Emperatriz (E 1)
Sympathisches Mittelklassehotel in zentraler Lage. 75 Zimmer. Behindertengerecht. *López de Hoyos 4, Tel. 5 63 80 88, Metro: Ruben Darío*

Liabeny (C 4)
Zentral zwischen *Gran Vía* und *Puerta del Sol* gelegenes modernes Hotel garni. Kürzlich renoviert. 224 Zimmer. *Salud 3, Tel. 5 31 90 00, Metro: Sol*

Principe Pio (A 4)
★ ◁|▷ Schöner Blick auf den nahen Königspalast. Ein Hotel mit guter Ausstattung. 157 Zimmer. *Cuesta de San Vicente 14, Tel. 2 47 80 00, Metro: Plaza de España, Norte*

Santo Domingo (B 4)
★ Kürzlich eröffnet mit modernstem Komfort im Zentrum und nahe am Königspalast. Mancherlei Extras; Hunde willkommen. 119 Zimmer. *Plaza Santo Domingo 2, Tel. 547 5995, Metro: Sto. Domingo*

HOTELS PREISGRUPPE C

(für bescheidene Ansprüche ab 5000 Ptas.)

Anaco (C 4)
Kleines, sympathisches Hotel. Zimmer mit TV und Klimatisierung. 39 Zimmer. *Tres Cruces, 3, Tel. 5 22 46 04, Metro: Gran Vía*

Asturias (C 4)
★ Traditionshotel in stattlichem Gebäude, unter neuer Regie

schön hergerichtet. 175 Zimmer. *Sevilla 2, Tel. 4 29 66 76, Metro: Sevilla*

Duque (B 4)
Hostal in schönem alten Haus nahe dem Königspalast. 21 Zimmer. *Campomanes 6, Tel. 5 42 11 61, Metro: Ópera*

Inglés (C 5)
Kleine Insel der Geborgenheit in lebhaftem zentralen Viertel. 58 Zimmer. *Echegaray 8, Tel. 4 29 65 51, Metro: Sol*

Jamic (D 5)
Gutes Hostal nahe dem Prado. 19 Zimmer. *Plaza de las Cortes 4, Tel. 4 29 00 68, Metro: Banco*

Mediodía (E 6)
Preiswertes Hotel am Ende der Kunstmeile beim Bahnhof Atocha. 165 Zimmer. *Plaza del Emperador Carlos V 8, Tel. 527 3060, Metro: Atocha*

Mercator (D 6)
Gutes Hotel beim Atocha-Bahnhof und dem Kunstzentrum Reina Sofia. 89 Zimmer. Behindertengerecht. *Atocha 123, Tel. 4 29 05 00, Metro: Atocha*

Mocelo (D 5)
Ordentliches Hostal in guter Lage. 21 Zimmer. *Del Prado 10, Tel. 429 4963 Metro: Banco, Sol*

Negresco (C 4)
Angenehmes Hostal mit Klimaanlage und Telefon im Zimmer. 18 Zimmer. *Mesonero Romanos 12, Tel. 5 22 45 18, Metro: Callao*

Nuestra Señora de Sonsoles (C 4)
Gutes Hostal im 3. Stock eines großen Hauses, Telefon und Ra-

dio im Zimmer. 24 Zimmer. *Fuencarral 18, Tel. 5 32 75 23, Metro: Bilbao*

Opera (B 4)
★ Sehr beliebtes Hotel nahe dem Königspalast, mit Minibar und Telefon im klimatisierten Zimmer. 81 Zimmer. *Cuesta de Santo Domingo 2, Tel. 5 41 28 00, Metro: Ópera*

Oxford (O)
Sehr ordentliches, gemütliches Hostal in guter Lage außerhalb des Zentrums. 7 Zimmer. *Guzmán el Bueno 57, Tel. 5 44 13 02, Metro: Cuatro Caminos*

Pinariega (B 5)
Gutes Hostal im alten Madrid bei der *Calle Mayor.* 12 Zimmer. *Santiago 1, Tel. 5 48 08 19, Metro: Sol, Ópera*

Prada (C 4)
Zentral in belebter Straße gelegen. Zimmertelefon. 20 Zimmer. *Hortaleza 19, Tel. 5 31 60 88, Metro: Gran Vía, Chueca*

Prim (D 3)
Gemütliches Hostal, ideal gelegen, mit Garage und Minibar. 11 Zimmer. *Prim 15, Tel. 5 21 54 95, Metro: Banco, Colón*

Principado (D 5)
Hostal in älterem Haus, hinter dem Parlament. 15 Zimmer. *Zorilla 7, Tel. 4 29 81 87, Metro: Banco, Sol*

Regina (C 4)
★ Familiäre Atmosphäre in Gebäude aus guten alten Tagen. 137 Zimmer. Behindertengerecht. *Alcalá 19, Tel. 5 21 47 25, Metro: Sevilla*

Rifer (C 5)
Mitten im Zentrum gelegenes Hostal. 9 Zimmer. *Mayor 5, Tel. 5 32 31 97, Metro: Sol*

Roma (B 4)
Liegt neben dem Konventmuseum der *Descalzas Reales.* 22 Zimmer. *Travesía de Trujillos, Tel. 5 31 19 06, Metro: Callao*

Sil (C 3)
Hostal in historischem Gebäude, zentral gelegen, klimatisiert und mit Zimmertelefon. 15 Zimmer. *Buencarral 95, Tel. 448 8972, Metro: Gran Vía, Tribunal*

Valencia (C 4)
Angenehmes Hostal im Zentrum. Zimmertelefon. 30 Zimmer. *Gran Vía 44, Tel. 5 22 11 15, Metro: Gran Vía*

Vázquez de Mella (C 4)
Pension im Zentrum. 16 Zimmer. *Plaza Vázquez de Mella 1, Tel. 5 22 32 14, Metro: Gran Vía*

Villamáñez (D 5)
Günstig für Pradobesucher und als Ausgangspunkt für Spaziergänge gelegenes Hostal. 9 Zimmer. *San Agustín 6, Tel. 4 29 90 33, Metro: Sol*

WIE ZU HAUSE WOHNEN

Wer lieber in einem Studio oder in einem Apartment wohnt, hat eine recht gute Auswahl, je nach Anspruch und Preis.

Andromeda (D 2)
Modernes Haus im Botschaftsviertel mit Studios für 7200 Ptas. pro Nacht, 43 500 für eine Woche und 75 000 für einen Monat (Depot 50 000). 90 Einheiten.

Einfach mitmachen

Viele private Vereinigungen und Organisationen laden zu Vorträgen aller Art ein, veranstalten Konferenzen, Symposien und Musikdarbietungen. Sie pflegen kostenlos zu sein, und man kann sich einfach dazugesellen, sofern einem das Spanisch nicht wie Chinesisch klingt. Auch in den großen Hotels fällt es gar nicht auf, wenn man sich Versammlungen interessanter Leute ein wenig näher ansieht. Man muß ja nicht so weit gehen wie die besondere Art von Lebenskünstlern mit angeborenen guten Manieren und dem vom letzten Geld gekauften Smoking, die ohne Einladung von Empfang zu Empfang wandern und sich dabei prächtig durchfuttern.

Almagro 10, Tel. 3 19 80 94, Metro: Ruben Darío

Eurobuilding (O)

Großzügig ausgestattete Apar? tements mit Entree, Salon/Eßzimmer, Schlaf- und Ankleidezimmer, Bad und Küche, die über 55 Quadratmeter umfassen. Preise pro Nacht für eine Person 13 000 Ptas., für zwei Personen 16 000 Ptas. Sonderpreise bei Mietdauer ab einem Monat. *Orense 69, Tel. 5 72 08 02, Metro: Cuzco*

Goya 75 (F 3)

Studios für eine oder zwei Personen, Mindestaufenthalt drei Nächte. Preis pro Nacht 7525 Ptas., 200 Einheiten. *Goya 75, Tel. 4 35 63 46, Metro: Velázquez*

Los Jerónimos (E 5)

Apartments für hohe Ansprüche im Aristokratenviertel zwischen Prado und Retiro-Park. Ein Zweipersonen-Apartment kostet 18 000 Ptas. für eine Nacht, für eine Woche 105 000 Ptas. Für ein Dreipersonen-Apartment sind es pro Nacht 24 500 Ptas., für eine Woche 125 020 Ptas. 30 Einheiten *Moreto 9, Tel. 4 20 05 36, Metro: Retiro*

Marcenado (O)

Apartments für zwei und vier Personen, jeweils aus zwei Zimmern mit Küche und Bad bestehend, nahe dem Berlin-Park im nördlichen Teil Madrids gelegen. 23 Einheiten. Preis pro Nacht für zwei Personen 7 100 Ptas., für vier Personen 10 495 Ptas. *Marcenado 9, Tel. 5 19 03 38, Metro: Concha Espina*

Recoletos (E 3)

Bei der Nationalbibliothek und dem Archäologischen Museum gelegen. Man kann wählen zwischen kleinen Studios für 8400 Ptas. pro Nacht und Zweizimmer-Apartments für zwei oder drei Personen zum Preis von 11 200 und 13 500 Ptas. 226 Einheiten. (E 3) *Villanueva 2, Tel. 4 31 96 40, Metro: Colón*

FÜR JUNGE LEUTE

Für junge Leute gibt es zwei Jugendherbergen in Madrid: In der Straße *Santa Cruz de Marcenado 28 mit 77 Plätzen, Tel. 2 47 45 32, Metro: Arguelles,* und in der *Casa de Campo die »Richard Schirman« mit 118 Plätzen, Tel. 4 45 08 00, Metro: Lago*

Madrid-Kalender

*Die Stadt läßt keine Gelegenheit zum Feiern aus, Festivals
gibt es das ganze Jahr über*

Der arglose Besucher kann in Madrid jederzeit und überall von Feiern mit Musik, Tanz und Feuerwerk überrascht werden, auch wenn im Kalender kein offizieller Anlaß angezeigt ist. Eingeweihte wissen natürlich, daß dann etwa das Stadtviertel *Pilar*, *Hortaleza* oder irgendein anderer der vielen *Barrios* seinen eigenen Heiligen als Schutzpatron mehrere Tage lang mit kirchlichen und weltlichen, hauptsächlich aber lärmenden Veranstaltungen ehrt. Natürlich fühlt man sich in jedem der *Barrios* auch dem heiligen Isidro, dem Schutzpatron aller Madrilenen, verbunden, dem im Mai ein offizieller Feiertag und eine ganze Woche der Festveranstaltungen in der gesamten Region Madrid gewidmet sind, und ebenso der Stadtheiligen Almudena, zu deren Ehren im November einen Tag lang die Arbeit in der Hauptstadt ruht. Unabhängig vom offiziellen Veranstaltungsprogramm wird im Sommer dafür gesorgt, daß es den Daheimgebliebenen in ihrer Stadt nicht langweilig wird. Seit Jahren erfreuen sich die Auffüh-

rungen von Jazzgruppen, Liedermachern und Theatertruppen besonderer Beliebtheit, die während der Pause in ihren Häusern auf große und kleine Plätze zogen und manchem Madrilenen, der kaum jemals ein Theater betreten hatte, ihre Künste gratis darboten. So verwandelte sich die riesige *Plaza Mayor* unter dem Motto »Essen, trinken, leben wie Calderón« in ein Szenarium des 17. Jhs. Es gab an Buden Eß- und Trinkbares wie zur Zeit des Dichterfürsten, verkauft von jungen Leuten in Trachten der Zeit. Es herrschte Treiben wie damals, als der Platz entstanden war, und so eingestimmt lauschte man den Versen des Pedro Calderón de la Barca, die von den in der Mitte errichteten Brettern klangen. Dabei ist der offizielle Kalender mit 14 arbeitsfreien Feiertagen im Jahr eigentlich schon ganz gut bestückt, zumal einige Termine auf ganze Festwochen ausgedehnt werden. Feste spielen eine wichtige Rolle im Leben der Stadt. Das neue Jahr empfangen die Madrilenen mit großem Pomp. In der Silvesternacht machen sie sich schön und gehen groß aus. Je eleganter der Rahmen, um so lieber. Wenn etwa ein Paar für wenige Stunden Trubel mit Abendessen, Champa-

*Das Königliche Theater an der
Plaza de Oriente soll wieder
Opernhaus werden*

73

MARCO POLO TIPS FÜR VERANSTALTUNGEN

1 Silvester
Weintrauben gehören
zum Glück für das
neue Jahr
(Seite 77)

2 Kunstmesse ARCO
Die ganze Stadt feiert
die Kunst
(Seite 76)

3 Karneval
Die Stadt treibt es toll und
bunt (Seite 76)

4 San Antonio de Padua
Picknicks, Musik und Tanz
(Seite 77)

5 La Paloma
Volksfest zum Mitmachen
auf vielen Straßen und
Plätzen (Seite 77)

6 Weihnachten
Stimmungsvoller Weih-
nachtsmarkt auf der
Plaza Mayor
(Seite 77)

gner, Tanz und Tombola in einem der Festsäle 60 000 Peseten zahlt, dann ist ihm der stilvolle Auftakt des Jahres wohl wirklich wichtig. Ganz Spanien verfolgt gespannt am Bildschirm, wie sich die Madrilenen um Mitternacht auf der *Puerta del Sol* versammeln und, in der Hoffnung auf kommendes Glück, mit jedem der zwölf Glockenschläge eine Weintraube essen.

Am Vorabend des 6. Januar, dem traditionellen Tag der Geschenke, sind die Madrilenen mit Kind und Kegel auf der Straße, um den großen Umzug der freigebigen Könige aus dem Morgenland zu sehen, für den die Stadt mit Unterstützung von Spenden Kutschen und Karossen märchenhaft herrichtet.

Umzüge und Festveranstaltungen gibt es auch im Februar beim Karneval. Er überzieht die ganze Stadt mit tollem Treiben. Dabei dachten die jüngeren Madrilenen noch vor nicht langer Zeit nur an Rio und allenfalls an Teneriffa, wenn von Karneval die Rede war. Wie sollten sie

auch wissen, daß der Mummenschanz in ihrer Stadt eine lange Tradition hatte, bevor der Diktator Miguel Primo de Rivera ihn 1923 aus Furcht vor Aufrührern hinter Maske und Kostüm aus dem Kalender strich. Die Idee, ihn in der Demokratie wiederzubeleben, fand begeisterte Zustimmung.

In der Karwoche beherrscht der feierliche Ernst der Prozessionen das Geschehen, der am Ostersamstag mit dem Beginn der Stierkampfsaison abgeschüttelt wird. Der Tag der Arbeit des 1. Mai geht über in die Festveranstaltungen zum Gedenken an den Aufstand vom 2. Mai 1808 gegen Napoleon, die von der Regionalregierung ausgestaltet werden.

Schon wenige Tage darauf beginnt eine ganze Festwoche um den 15. Mai, dem Namenstag des Stadtpatrons San Isidro, mit einem Jazz-Festival und vielen anderen Veranstaltungen. Die Bankangestellten genießen in dieser Woche ein besonderes Privileg: Sie dürfen eine Stunde früher schließen und schon um 12.30 Uhr statt um 13.30 Uhr nach Hause gehen.

In der ersten Julihälfte ehren viele Stadtteile die *Virgen del Carmen* mit Straßenfesten und Feuerwerk. Schon ab Ende Juni sorgen Regional- und Stadtregierung für die Überbrückung des Sommerlochs mit zwei gesonderten Veranstaltungsreihen, die bis zum September für alle, die nicht verreisen, Theater, Musik und Ballett bieten. Den August-Höhepunkt bilden die Volksfeste zum 15. August in den Straßen der *Barrios bajos*, und der krönende Abschluß ist die vielbesungene *Verbena de la Paloma*, bei der viele Paare in der Tracht der Majas und Majos die Nacht durchtanzen.

Im September läuft das reguläre Theater und Musikprogramm wieder an, offizielle und private Kunstausstellungen lösen sich ab, und die Regionalregierung stellt ihr Herbstfestival mit Theater, Musik, Ballett, Filmleckerbissen und Kabarett vor, das mit internationalen Gastspielen bis in die Vorweihnachtszeit reicht. Im Dezember werden die Madrilenen durch üppige Festbeleuchtung der Straßen auf das Weihnachtsfest eingestimmt, die bis zum Tag der Heiligen Drei Könige zum Kaufen anregt. Den Heiligabend begehen sie in kleinem Kreis oder suchen Besinnung und Stille bei der Mitternachtsmesse. Am ersten Weihnachtstag steht ein üppiges Festmahl im großen Familienkreis im Mittelpunkt.

FEIERTAGE

1. Januar; 6. Januar *(Epiphanias)*; 19. März *(Fest des Hl. Josef)*; März/April Donnerstag, Freitag *(Karwoche,* variabel); 1. Mai; 2. Mai *(Fest der autonomen Region Madrid)*; 15. Mai *(Fest des Stadtpa-*

Geliebt oder gehaßt: der Stierkampf

trons San Isidro); 15. August (*Mariä Himmelfahrt/La Paloma*); 12. Oktober (*Tag der Pilar und Fest der Entdeckung Amerikas*); 1. November (*Allerheiligen*); 9. November (*Tag der Stadtpatronin Almudena*); 6. Dezember (*Verfassungstag*); 8. Dezember (*Unbefleckte Empfängnis*); 25. Dezember.

Durchweg werden Feiertage in Museen, Geschäften und Restaurants behandelt wie Sonntage.

Januar
5. Januar: Großes *Kinderfest* am Vorabend des Epiphaniastags mit Umzug der Heiligen Drei Könige durch die Innenstadt.

Februar
★ *Karneval* mit Umzügen, Tanz und Mummenschanz. Er endet mit dem »Begräbnis der Sardine«.

Sechs Tage lang Internationale ★ *Kunstmesse ARCO* auf dem neuen Messegelände beim Flughafen Barajas (Daten variieren von einem Jahr zum anderen). (**O**)

März/April
Feierliche *Prozessionen* am Gründonnerstag und Karfreitag
Beginn der *Stierkampfsaison* in der Arena Las Ventas. (**O**)
Internationales *Theaterfestival* auf verschiedenen Bühnen

Mai
1. Mai: Feiern zum *Tag der Arbeit.*
2. Mai: Zahlreiche Veranstaltungen zum Gedenken an den Aufstand gegen Napoleons Truppen am 2. Mai 1808, in der Region Madrid als eigener offizieller Feiertag begangen. Das Zentrum der Veranstaltungen

In Uniform zu Ehren des San Lorenzo

bildet die Plaza Dos de Mayo. (**C 2**)
Eine Woche lang jeweils im Frühling und Herbst mit jährlich veränderten Daten: *Messe der Buch-Antiquare* aus ganz Spanien auf dem Paseo de Recoletos. (**D–E 4**)
8.–15. Mai: Festwoche zu Ehren des Stadtpatrons *San Isidro* mit Musik, Theater und Volksfesten.

Mai/Juni

17 Tage dauernde große *Publikums-Buchmesse* mit Hunderten von Ständen im Retiro-Park. (**F 4–5**)
★ 9.–13. Juni: *Fest des Heiligen Antonius von Padua,* bei dem sich die Madrilenen zum fröhlichen Picknick an der Eremitage des Heiligen treffen. (**O**)
Ende Juni: Beginn des sommerlichen Veranstaltungs-Zyklus *Clásicos en Verano* und der vom Rathaus organisierten Reihe *Los Veranos de la Villa* mit Film, Musik, Theater und Ballett.

Juli

Erste Hälfte Juli: Viele *Stadtteilfeste* mit Feuerwerk, Tanz und Musik zu Ehren der Jungfrau vom Karmel (Carmen), besonders interessant im Viertel Chamberí. (**C–D 1–2**)

August

★ 6.–15. August: Zugleich mit Mariä Himmelfahrt finden ausgedehnte Feiern zu *San Cayetano, San Lorenzo y La Paloma* auf Straßen und Plätzen der volkstümlichen Viertel statt. Den Höhepunkt bildet die Verbena de la Paloma an der Kirche mit der Madonnenstatue nahe der Puerta de Moros. (**B 6**)

September

Beginn des *Herbstfestivals* der Region Madrid mit Musik, Theater und Ballett.

Oktober

12. Oktober: Feier der Entdeckung Amerikas *(Día de la Hispanidad).*

November

9. November: Feiertag zu Ehren der Stadtpatronin *Almudena* (nur in der Stadt Madrid, nicht in der Provinz).

Die Plaza Mayor, Schauplatz und Mittelpunkt der Stadt

Dezember

★ Traditioneller *Weihnachtsmarkt* auf der Plaza Mayor, den zu besuchen allein wegen des fröhlichen Treibens lohnt, auch wenn das Angebot sich weitgehend in billigem Plastikschmuck und Scherzartikeln erschöpft. (**B 5**)
★ 31. Dezember: Tolles *Silvestertreiben* auf der Puerta del Sol. (**C 4**)

Am Abend gehen wir aus

Flamenco, Bars und Diskotheken — die Nächte sind hier lang und amüsant

Eine Stadt, die so wenig schläft wie Madrid, schafft sich viele Möglichkeiten, die Nacht auf anregende und unterhaltsame, amüsante oder lärmende Weise zu verbringen.

Sie bietet Theater, Opern (auch ohne eigenes großes Haus), ein reges Musikleben, daneben typisch Spanisches, das *Zarzuela* genannte leichte Singspiel, das gerade Europa erobert, und natürlich den Flamenco.

Je später die Nacht, um so mehr ist los in den Nachtbars und Clubs, Diskotheken, Disko-Pubs und Etablissements, die sich *Bares Americanos* nennen, in denen sich schön gewachsene Mädchen zur Schau stellen. Der nächtliche Dschungel ist ebenso aufregend wie unübersichtlich, und die Szene wechselt schnell. Am lebhaftesten geht es in den Straßen um die Metro-Station *Chueca*, um *Puerta del Sol* und *Plaza Santa Ana*, im Viertel *Malasaña* bei der *Plaza Dos de Mayo* und in

Um Mitternacht beginnen die berauschenden Flamenco-Nächte in den Tablaos der Stadt

den Sommermonaten entlang der Promenaden *Paseo de Recoletos* und *Castellana* zu, mit vielen Caféterrassen als nächtliche Schaubühnen, auf denen junge Leute aus besten Familien die Drinks servieren. Beliebte Tummelplätze sind dazu Diskos außerhalb der Stadt und das Hippodrom, das erst weit nach Mitternacht öffnet.

BARS

Es gibt ehrwürdige Zeugen vergangener Epochen des Lebensgenusses, die sich sogar »Museum« nennen dürfen, und ganz junge Gründungen, deren Erfolg so durchschlagend ist, daß sie fast ein Stadtviertel umkrempeln.

Al Borak   (O)
★ Buntgemischtes Publikum, das Nacht für Nacht die recht geräumige Bar bis auf den letzten Stehplatz füllt. Das Geheimnis des sensationellen Erfolgs ist einfach: Apartes Dekor, Musik von Bach aus dem Lautsprecher und entspannte Atmosphäre. *Bis 3 Uhr, Victor Andrés Belaúnde 25, Metro: Colombia*

Balneario (O)

★ Eine wohltuende »Kurbad-Atmosphäre« zieht Politiker und Intellektuelle zum Drink und Plaudern an. *Bis 3 Uhr, Juan Ramón Jiménez 37, Metro: Cuzco*

Becquer (E 1)

Als Treffpunkt von Yuppies groß in Mode, besonders an Wochenenden proppenvoll. Cocktails und nochmals Cocktails. *Bis 3 Uhr, Hermanos Becquer, 10, Metro: Diego de León, Ruben Darío*

Castellana 8 (E 3)

★ ☆ Diese Freiluftbar ist unerläßlich für alle, die sehen und gesehen werden wollen: Schauspieler, Yuppies, Jeunesse dorée. Verrückteste Aufmachungen sind allnächtlich zu besichtigen. *Bis 3 Uhr, Paseo de la Castellana 8, Metro: Colón*

Circulo de Bellas Artes (D 4)

Künstlertreff unter herrlichem Kristalleuchter. *Bis 1.30 Uhr, Alcalá 42, Metro: Banco*

Descalzas Reales (B–C 4)

Sehr geschmackvoll eingerichtet. Beliebt bei Leuten von Theater und Film, wo jeder jeden kennt. *Bis 3 Uhr, Plaza San Martín 3, Metro: Sol, Callao*

Empire (D–E 4)

Eine große Tanzbar, in der sich Nachtschwärmer um die Silhouette des Empire State Building versammeln. *Bis 5 Uhr, Recoletos 16, Metro: Banco*

Hanoi (C–D 3)

★ In dieser Disko-Bar trifft sich alles, was im Modestrom schwimmt. *Bis 4 Uhr, Hortaleza 81, Metro: Tribunal*

MARCO POLO TIPS FÜR DEN ABEND

1 **Al Borak**
Schön, buntgemischt und proppenvoll (Seite 79)

2 **Archy**
Der Jet-Set unter sich (Seite 82)

3 **Balneario**
Gepflegtes Lokal und gepflegtes Publikum (Seite 80)

4 **Casa Patas**
Hier gibt's den reinen, echten Flamenco (Seite 82)

5 **Castellana 8**
Sehen und gesehen werden, mit viel Jugend (Seite 80)

6 **Hanoi**
Toll, noch immer in Mode (Seite 80)

7 **La Tolderia**
Südamerikanische Rhythmen (Seite 84)

8 **Los Gabrieles**
Eine der klassischen Bars, die man kennen muß (Seite 81)

9 **Museo Chicote**
Wo sich schon Hemingway, Ava Gardner und Orson Welles wohlfühlten (Seite 81)

10 **Pacha**
Tolle und elitäre Diskothek (Seite 82)

Libertad 8 (D 4)

Hier kann man bei unaufdringlicher Musik herrlich plaudern. Die Klientel aus Intellektuellen will auch genau das. *Bis 2 Uhr, Libertad 8, Metro: Banco*

Los Gabrieles (C–D 5)

★ Eine unerläßliche Haltestelle auf der Tour durch das nächtliche Madrid. Inmitten herrlicher Fliesendekorationen geht es stets lebhaft zu. *Bis 2 Uhr, Echegaray 17, Metro: Sol, Banco*

Museo Chicote (D 4)

★ Hier waren Hemingway, Ava Gardner und Orson Welles Stammgäste. Die Art-déco-Bar ist eine rüstige Sechzigerin und wieder sehr »in«. *Bis 3 Uhr, Gran Via 12, Metro: Banco*

Oliver (D 3)

Von dem Tänzer Antonio Gades gegründete Bar, die beim Madrider Publikum wieder starken Zulauf hat. *Bis 3 Uhr, Almirante 12, Metro: Banco*

Teatriz (E 3)

Philippe Starck machte aus einem ehemaligen Theater eine sensationelle Bar. Man muß sie einfach gesehen haben, auch wenn ein Drink hier ein Vermögen kostet. *Bis 3 Uhr, Hermosilla, Ecke Claudio Coello, Metro: Serrano*

Val Na DÚ (B 4)

Trotz Live-Musik läßt es sich in dieser eleganten Bar für jung und alt bei Cocktails plaudern. *Bis 2 Uhr, Vergara 12, Metro: Opera*

Villa Rosa (C 5)

Die schönen Kachelwände sind geblieben. Der Erfolg gibt dem Unternehmen recht. Aus dem nicht sehr gut beleumdeten Lokal der Großvater-Generation wurde eine moderne, gut besuchte Bar. *Bis 5 Uhr, Plaza de Santa Ana 15, Metro: Sol*

Viva Madrid (D 5)

Die bunten Kachelwände sind für Fremde so »typisch spanisch«, daß dieser beliebte Treffpunkt oft überläuft. *Bis 2 Uhr, Manuel Fernández Gonzáles 7, Metro: Sol*

KABARETT UND REVUETHEATER

Revuen waren einmal der große Schlager in Madrid, der viele Provinzler anlockte. Heute hat das Kleinformat in den Bars größeren Anhang.

Casino Gran Madrid (D 4)

Glänzende Show im Riesenkomplex des Madrider Spielkasinos, rund 30 Kilometer außerhalb der Stadt an der Nationalstraße VI. Sonderbus von der *Plaza de Cibeles. Bis 4 Uhr*

Florida Park (F 4)

Musikhalle mit Flamenco-Darbietungen unter den Bäumen des Retiro-Parks. *Bis 3 Uhr, Metro: Retiro*

Noches de Cuplé (C 2)

Das einzige verbliebene Lokal, in dem noch das früher bedeutende Genre des Couplet gepflegt wird. Sehr beliebt. *Bis 4 Uhr, Palma 51, Metro: Tribunal*

Scala (O)

Elegantes großes Revuetheater mit ausgezeichneter Show. Gäste des Hotels Meliá Castilla sind dort zu Hause. *Bis 3 Uhr, Capitan Haya 43, Metro: Cuzco*

Es gibt sie in vielen Variationen, und alle haben ihr eingeschworenes Publikum. Wo sich die Fauna des *Jet-set* und der *Beautiful People* trifft, ist der Andrang besonders groß. Türsteher wachen streng darüber, daß sich kein Unbefugter einschleicht. Der Club läßt niemanden ein, der sich nicht wenigstens durch edle Designerkleidung ausweisen kann. Jugendliche dürfen sich in einigen Diskos am Freitag und Samstag auf der Piste tummeln, bevor der nächtliche Betrieb losgeht.

Archy (E 2)

★ In diesem Top-Lokal mit Diskothek, Bar und Restaurant trifft sich in elegantem Rahmen der *Jet-set* von Madrid. Der Blick des Türhüters wird milder, wenn Ferraris oder Masaratis vorfahren. *Bis 4 Uhr, Marqués de Riscal 11, Metro: Ruben Darío*

Bocaccio (E 3)

Eine Diskothek der diskreteren Art, in der manche sich gern an die Zeiten erinnern, als hier das Mekka der politisierenden Jugend war. *Bis 5 Uhr, Marqués de Ensenada 16, Metro: Colón*

Joy Eslava (C 4)

In diesem ehemaligen Theater herrscht zu später Stunde stets ein reger Hochbetrieb. *Bis 5 Uhr, Arenal 11, Metro: Sol*

Ku Madrid (B 3)

So bunt wie die gemalten Wände ist auch das Publikum, das sich in dieser gigantischen Disco tummelt. *Bis 5 Uhr, Princesa 1, Metro: Plaza de España*

Oh Madrid! (O)

⚥ Tolle und teure Diskothek außerhalb Madrids an der Nationalstraße VI, Kilometer 8700. Die Jugend mit Kleingeld vergnügt sich im Sommer am und im Swimmingpool. *Bis 5 Uhr*

Pacha (D 3)

★ ⚥ Früher ein angesehener Theater- und Filmpalast. Heute Objekt der Begierde vieler, die Einlaß begehren. Oft umlagert von Neugierigen, die einen Blick auf die Nachtprominenz erhoffen. Nur ganz Auserwählte dringen bis zum *Cielo* in der obersten Etage vor. Jugendliche haben am frühen Abend des Freitag und Samstag Zutritt zum allgemeinen Teil. *Bis 5 Uhr, Barceló 11, Metro: Tribunal*

Madrid bietet Flamenco, der sich durchaus sehen lassen kann. Die Lokale heißen *Tablaos*, und die Vorführungen sind mit einem nicht besonderen Abendessen verbunden. Die Show beginnt gegen Mitternacht. Einigen der *Tablaos* hat es nicht gut getan, daß sie in den Reiseführern stehen und nun von Touristen frequentiert werden.

Café de Chinitas (B 4)

Gegenwärtig das beste Lokal für Flamenco mit Abendessen. Es wurde durch die Auftritte der wilden, barfüßig tanzenden Zigeunerin »*La Chunga*« weltberühmt. (B 4) *Bis 3 Uhr, Torija 7, Metro: Santo Domingo*

Casa Patas (C 6)

★ Hier kann man Meister eines modernen Flamenco erleben,

In den Bars von Madrid wird einem die Zeit nie lang

die nach Schließung des Lokals noch woanders nur zur eigenen Freude und Begeisterung weiterfeiern. *Bis 3 Uhr, Cañizares 10, Metro: Tirso de Molina*

Peña La Carcelera (C 2)
Flamenco ohne Konzessionen an den Tourismus. Jeden Samstag Gastauftritte von bekannten *Cantaores* und *Bailaores*. *Bis 3 Uhr, Monteleón 10 (Souterrain), Metro: San Bernardo*

Torres Bermejas (C 4)
Beliebtes Lokal, in dem man bekannte Flamenco-Künstler hören und sehen kann. *Bis 3 Uhr, Mesonero Romanos 11, Metro: Callao*

Venta de Gato (O)
Ausgezeichneter Flamenco. Das Lokal gehört zu einem Gartenrestaurant an der Nationalstraße I, Kilometer 12. *Ab 23.30 Uhr*

Café Central (C 5)
Sympathisches Lokal, eine Institution für Jazz-Fans, die guten, vorwiegend heimischen Gruppen immer wieder gern zuhören. *Bis 3 Uhr, Plaza del Angel 10, Metro: Sol*

Café del Foro (C 2)
Auf gutem Niveau wird hier vielerlei geboten: Jazz, Darbietungen von bekannten und unbekannten *Cantautores* (Liedermacher) und manchmal auch kleine Sketche. Der Rahmen der von Kulissen der *Plaza Mayor* umstellten Wände ist sehr originell. *Bis 4 Uhr, San Andrés 38, Metro: Bilbao*

Café del Mercado (B 6)
Tolles Lokal, in dem jeder mal gewesen sein will, um Jazz, Pop und Rock zu hören. Samstags gibt es Salsa. Das Café gehört zum Antiquitätenmarkt der *Puerta de Toledo*. *Bis 3 Uhr, Metro: Puerta de Toledo*

Café Manuela (C 3)
Beliebtes Künstler- und Intellektuellenlokal. Jeden Abend beginnen um 22.30 Uhr Auftritte von *Cantautores* und Jazzgruppen. *Bis 3 Uhr, San Vicente Ferrer 29, Metro: Bilbao*

Cambalache (D 3)
Tangobar mit argentinischem Essen und Mingo Da Costa. *Bis 5 Uhr, San Lorenzo 5, Metro: Chueca, Tribunal*

Clamores (C 2)
Jede Nacht wird guter Jazz geboten, montags Salsa, Pasodoble und Tango. *Bis 4 Uhr, Albuquerque 14, Metro: Bilbao*

Jonny Jazz Club (**D 5**)
Guter Jazz in sympathischem
Lokal. Es ist noch ziemlich neu,
und man findet noch Platz. *Bis 3
Uhr, Cervantes 7, Metro: Sol, Tirso de
Molina*

Lasal (**O**)
Ein turbulenter Jahrmarkt der Ei-
telkeiten, auf dem bei Rock,
Soul, Jazz vielfach Kontakte geknüpft werden. *Bis 4 Uhr, Guzmán el Bueno 98, Metro: Cuatro Caminos*

La Tolderia (**A–B 5**)
★ Wer lateinamerikanische Musik liebt, darf sich das hier Gebo-
tene nicht entgehen lassen. *Bis 3
Uhr, Caños Viejos 3, Metro: Latina*

Palacio de Gaviria (**B 4**)
Ein kompletter Palast mit 14
herrlich hergerichteten Salons
für Nachtschwärmer mit Freude
an Musik. *Bis 3 Uhr, Arenal 9, Metro: Sol*

Salsipuedes (**C 3**)
Salsa, Merengue, Cumbia jede
Nacht außer Montag. Mittwoch
und Donnerstag live. *Bis 6 Uhr,
Puebla 6, Metro: Gran Vía*

Suristán (**C 5**)
Hier amüsiert sich bei Musik vie-
ler Art und unterschiedlicher
Qualität, wer zur Kunst-, Mode-
und Geldwelt gehört. *Bis 5 Uhr,
Cruz 7, Metro: Sol*

KÄUFLICHE LIEBE

Ohne Proteste der Öffentlich-
keit führen selbst seriöse Zeitungen unter der Rubrik *Relax* auf
ihren Anzeigenseiten spalten-
lang Angebote weiblicher und
männlicher Bettgenossen auf.

Manche preisen ihre Künste de-
tailliert an. Auf jeden Fall sind sie
bereit, ins Haus oder ins Hotel zu
kommen. Und einige akzeptie-
ren sogar Kreditkarten. Wer
wollte da wohl noch den Bordel-
len nachweinen, die schon 1956
abgeschafft wurden. In den *Bares
Americanos* kann man die Schönen für 30 000 Peseten mit nach
Hause nehmen.

Nach wie vor blüht daneben
weibliche und männliche Straßenprostitution, verbunden mit
Drogenhandel und -konsum, besonders an Plätzen wie *Plaza Be-
navente, Calle Cruz*, auf und um
Puerta del Sol, in Nebenstraßen
der *Gran Vía* und im Chueca-Ge-
biet.

KINOS

In den großen Premierenkinos
an der *Gran Vía* und der *Glorieta
de Bilbao* sind die Importfilme
nach wie vor synchronisiert. Es
gibt aber immer mehr Filmthea-
ter, die in mehreren Sälen Origi-
nalversionen zeigen. Über die
unterschiedlichen Anfangszei-
ten informieren die Tageszeitungen, soweit die Filme nicht
durchgehend gezeigt werden.

Alljährlich im März/April findet in Madrid ein internationales
Filmfestival statt.

Alphaville (**B 3**)
Hier laufen gleichzeitig in vier
Sälen ausländische Filme im Ori-
ginal. *Martín de los Heros 14, Metro:
Plaza de España*

Ciné Doré (**D 6**)
Ein Besuch in diesem restaurier-
ten Jugendstilkino aus den Kin-
dertagen des Films lohnt. Hier
zeigt die staatliche Filmothek

Perlen der Filmkunst. Über das Programm informiert die *Guía del Ocio*. *Santa Isabel 3, Metro: Antón Martín*

Ideal Multicines (C 5)
Acht Säle bieten ebenso viele verschiedene Programme. *Dr. Cortezo 6, Metro: Sol*

Renoir (B 3)
Sehr gutes Programm in fünf Sälen. *Martín de los Heros 12, Metro: Plaza de España*

KONZERTE

Das Musikleben ist in den letzten Jahren immer lebhafter und interessanter geworden. Einen Meilenstein bedeutete die Einweihung eines modernen großen Konzerthauses, Sitz des Nationalorchesters, in dem seitdem fast täglich sowohl Orchester- als auch Kammermusik zu hören ist. Aber die Nachfrage ist längst über das Angebot hinausgewachsen. Konzerte finden aber auch statt im *Teatro Monumental*, in dem Chor und Orchester des staatlichen Rundfunks zu Hause sind, im Kunstzentrum Reina Sofía, im *Centro Cultural de la Villa* und am Sitz der privaten Stiftung Juan March. Über ihre Programme informieren die Tageszeitungen. Besonders beim *Auditorio Nacional* kommt man nur schwer an Eintrittskarten heran. Es gibt die private Konzert- und Theateragentur *Localidades Galicia, Plaza del Carmen 1, Tel. 5 31 27 32*

OPER UND BALLETT

Der Termin für die endgültige Umgestaltung des für Konzerte genutzten *Teatro Real* zur Oper ist mehrmals verschoben worden. Aber Opernaufführungen gab es trotzdem, vorwiegend und alternierend mit den leichteren *Zarzuelas*, im *Teatro Lírico de la Zarzuela*, oft mit Spitzenbesetzung. Das Nationalballett, gute private Truppen und renommierte Tanzkorps aus dem Ausland nutzen meist diese Bühne. (**O**) *Auditorio Nacional de Música, Príncipe de Vergara 146, Tel. 3 55 43 36, Metro: Cruz del Rayo;* (**D 5**) *Teatro Lírico Nacional de la Zarzuela, Jovellanos 4, Tel. 5 24 54 00, Metro: Banco;* (**D 5**) *Teatro Monumental, Atocha 65, Tel. 4 29 81 19, Metro: Antón Martín*

THEATER

Madrid hat über 30 Sprechbühnen, staatliche, städtische und private. Unter den staatlichen sind das *Centro Nacional Dramático* und das *Teatro de la Comedia* für Klassik, für experimentelles Theater die *Sala Olimpia* am bedeutendsten. Einige ins Abseits geratene Theater sind wieder belebt worden. Jeweils im März findet ein internationales Theaterfestival auf verschiedenen Bühnen statt. Unter städtischer Ägide stehen das schöne *Teatro Español* und das *Centro Cultural de la Villa*.

Centro Dramatico Nacional (D 3)
(Maria Guerrero) Tamayo y Baus 4, Tel. 3 19 47 69, Metro: Colón

Centro Nacional de Nuevas Tendencias (C 6)
(Sala Olimpia), Plaza de Lavapiés, Tel. 5 27 46 22, Metro: Lavapiés

Teatro de la Comedia (C 5)
Principe 14, Tel. 5 21 49 31, Metro: Sol

Von Auskunft bis Veranstaltung

Hier bekommen Sie Tips und Hilfe für den Alltag in Madrid

AUSKUNFT VOR DER REISE

Spanisches Fremdenverkehrsamt in der Bundesrepublik:
*Kurfürstendamm 180, 10707 Berlin, Tel. 0 30/882 65 43, Fax 8 82 66 61
Grafenberger Allee 100, 40237 Düsseldorf, Tel. 02 11/6 80 39 80/81/82, Fax 6 80 39 85
Myliusstr. 14, 60323 Frankfurt, Tel. 0 69/72 50 33, Fax 72 53 13
Postfach 15 19 40, 80051 München, Tel. 0 89/5 38 90 75, Fax 5 32 86 80*

in Österreich:
Walfischgasse 8–14, 1010 Wien, Tel. 00 43/1/5 12 95 80, Fax 5 12 95 81

in der Schweiz:
*Seefeldstr. 19, 8008 Zürich, Tel. 01/2 52 79 30, Fax 2 52 62 04
40, Boulevard Helvétique, 1207 Genf, Tel. 0 22/7 35 95 94/5*

Für die Einreise von Touristen aus EG- und EFTA-Ländern genügen Reisepaß oder Personalausweis. Ein Visum benötigen auch die Reisenden aus den ehemaligen Ostblockländern.

Falls Sie Geld wechseln wollen, ist eine Bank sicher nicht weit

AUSKUNFT IN MADRID

Mündliche Auskünfte, Stadtbroschüren und -pläne und einen monatlich erscheinenden Veranstaltungskalender sowie Informationen über Stadtbesichtigungen und Ausflüge in die nähere und weitere Umgebung erhält man in den folgenden staatlichen Büros für Tourismus-Information:
(**B 5**) *Plaza Mayor 3, Tel. 3 66 54 77, Metro: Sol*
(**B 3**) *Princesa 1, Edificio Torre de Madrid, Tel. 5 41 23 25, Metro: Plaza de España*
(**D 5**) *Duque de Medinaceli 2, Tel. 4 29 49 51, Metro: Banco*
Alle sind täglich von 9–19 Uhr, Sa bis 13 Uhr geöffnet und So geschlossen.

BANKEN UND GELDWECHSEL

Banken sind täglich, auch samstags von 8.30 bis 14 Uhr geöffnet, können aber im Sommer um 13.30 Uhr und am Samstag schließen. Nicht alle Zweigstellen wechseln Bargeld und Schecks. Ein Schild mit *Cambio/Change* zeigt dies an. Bankstellen mit diesem Hinweis gibt es überall zahlreich.

Bundesrepublik Deutschland (E 2)
Fortuny 8, Tel. 3 19 63 10, Metro: Ruben Darío

Bundesrepublik Österreich (O)
Paseo de la Castellana 91, Tel. 5 56 53 15, Metro: Nuevos Ministerios

Schweiz (F 3)
Núñez de Balboa 35, Tel. 4 31 34 00, Metro: Velázquez

FRISEURE

Friseure sind täglich von 10–19 Uhr, samstags bis 14 Uhr und montags ab 15 Uhr geöffnet. Sie sind nicht billig, und es ist üblich, ein Trinkgeld von etwa zehn Prozent zu geben.

Angela Navarro (F 3)
Die weibliche Prominenz pilgert zu ihrem Laden neben Modestar Sybille. *Jorge Juan 12, Tel. 5 77 29 56, Metro: Serrano*

Jacques Dessange (F 4)
Meister Michel Meyer ist der Liebling der Society-Damen. *O'Donnell 9, Tel. 4 35 32 20, Metro: Retiro*

Pedro Romero
Eine große Gemeinde von Prominenten vertraut sich den Künsten von Pedro Romero und seinen Mitarbeitern an, die im Rufe stehen, durch die Gestaltung der Frisuren bei Damen wie bei Herren ein Optimum der Ästhetik zu erreichen. **(O)** *Juan Ramón Jiménez 8 (Hotel Eurobuilding), Tel. 3 50 82 53,* **(O)** *Doctor Fleming 56, Tel. 4 57 27 60,* **(O)** *Capitán Haya 30, Tel. 555 10 37. Alle Metro: Cuzco*

Ruphert Peluquería Unisex (E 1)
Meister Ruphert ist der Liebling des Jet-sets, und seine feinen Kundinnen und Kunden bilden eine eingeschworene Gemeinde, die immer wieder kommt, um sich hier frisieren zu lassen. *Serrano 100, Tel. 4 35 16 16, Metro: Diego de León*

FUNDBÜRO

(E 4) *Hauptpost, Schalter 20: Plaza de Cibeles, Metro: Banco Hauptfundbüro der Stadt:* **(O)** *Almacén de la Villa, Plaza de Legazpi 7, Mo bis Fr 9–14 Uhr, Tel. 5 88 43 46, Metro: Legazpi*
Verlust oder Diebstahl von Paß oder Wertsachen bei der nächsten Polizeistation *(Comisaría)* melden, die meist einen Dolmetscher hat. Es gibt auch an einigen Punkten, wie vor der Hauptpost, kleine Außenbüros. Man bekommt eine polizeiliche Bescheinigung über den Vorfall mit einer Aufstellung der nach eigenen Angaben entwendeten Gegenstände und Dokumente, die als Grundlage für die Wiederbeschaffung von Ausweisen und mögliche Versicherungsansprüche gilt. Den Ersatzpaß muß man bei der jeweiligen Botschaft beantragen.

NOTARZT UND NOTRUF

Ärztlicher Notdienst: Tel. 0 61
Polizei: Tel. 0 91
Feuerwehr: Tel. 0 80

ÖFFENTLICHE VERKEHRSMITTEL

Metro und Bus sind die sichersten und billigsten Verkehrsmittel, die Metro dazu das schnellste, vor allem im Stoßverkehr. Sie besitzt ein groß ausgebautes Netz von zehn Linien mit 125 über die ganze Stadt verteilten Stationen. Man findet sich gut zurecht, und den Übersichtsplan kann man in jedem Informationsbüro bekommen. Tickets kauft man am Schalter oder Automaten. Es gibt Zehnerblocks, die etwa 50 Prozent Ermäßigung gewähren.

Einzelpreis ohne Streckenbegrenzung: 125 Ptas., Zehnerblock: 625 Ptas. Die Metro verkehrt von 6 bis 1.30 Uhr.

Das städtische Transportunternehmen (EMT) unterhält 150 Buslinien, die das gesamte Stadtgebiet durchziehen. An den Haltestellen sind die jeweiligen Routen und Stationen gut markiert. Sie verkehren von 6 bis 24 Uhr. Außerdem gibt es einen Nachtdienst von elf Linien mit Ausgangspunkten an der *Plaza de Cibeles* und *Puerta del Sol* von 24 bis 2 Uhr im 30-Minutentakt und von 2 bis 6 Uhr stündlich. Man bezahlt beim Fahrer oder kauft bei EMT-Häuschen oder in Tabakläden Zehnerblocks. Einzelfahrschein 125 Ptas., Zehnerblock 625 Ptas. Man kann nicht mit demselben Fahrschein umsteigen, sondern muß einen neuen lösen oder neu entwerten.

PARKEN

In Madrid findet das öffentliche Parken unterirdisch auf mehreren Ebenen statt, manchmal ist es mit großen Straßenunterführungen verbunden. Parkgelegen-

Die Puerta del Sol ist Knotenpunkt der Stadt

heiten in Außenbezirken sind noch selten. Es gibt in der Stadt zahlreiche unterirdische Garagen, die wie überall mit einem P auf blauem Grund gekennzeichnet sind. Sie sind meist in Privatbesitz, und die Preise variieren leicht. Als Faustregel gilt 260 Ptas. für jede angebrochene Stunde. Man sollte aber besser seinen Wagen in der Hotelgarage stehenlassen und für die Fortbewegung innerhalb der Stadt öffentliche Verkehrsmittel benutzen, da Parkraum in den Straßen äußerst schwierig zu finden ist. Wer auf sein Auto nicht verzichten will, sollte sich Parkzettel besorgen, auf denen man nach Monat, Tag, Stunde und Minute den Parkbeginn markiert. Man legt sie, gut sichtbar, hinter die Windschutzscheibe. Diese Zettel, *Vales para el parking* genannt, bekommt man in Tabakläden und an manchen Zeitungskiosken. Es gibt sie für eine halbe Stunde (40 Ptas.), eine Stunde (80 Ptas.), eineinhalb Stunden (120 Ptas.) und zwei Stunden (160 Ptas.). Pensionierte Busschaffner verhängen bei Überschreitung der Fristen Bußgelder von 2 000 Ptas.

STADTRUNDFAHRT

Am billigsten und einfachsten ist die Fahrt in dem *Circular* genannten regulären Bus. Er fährt nicht durch das Gewimmel der Altstadtgassen, verschafft aber einen guten ersten Eindruck. Man kann an jeder der einzelnen Stationen *Moncloa, Cuatro Caminos, Plaza de España, Puerta de Toledo, Embajadores, Manuel Becerra* einsteigen. Stadtrundfahrten mit Führung werden von vielen Reisebüros angeboten. Am Emp-

fang der Hotels pflegen Prospekte auszuliegen, ansonsten helfen die Hotelangestellten. Die Führer sprechen neben Spanisch hauptsächlich Englisch, manchmal Französisch und nur wenige Deutsch. Führungen in deutscher Sprache bietet das Reisebüro (**D 5**) *Viajes Norda, Carrera de San Jerónimo 44, Tel. 4 29 22 44, Metro: Banco, Sol.* Alle Unternehmen bieten auch Bustouren in die Umgebung an.

TAXIS

Nur wenn es plötzlich regnet, oder auch manchmal nachts, reichen die 15 000 in Madrid registrierten Taxis nicht aus. Sie sind noch nicht so teuer wie in anderen Hauptstädten. Man winkt sie sich auf der Straße heran. Die Taxis sind durchweg weiß, mit dem Stadtwappen an der Vordertür, einem Leuchtschild auf dem Dach und einem grünen Pilotlicht. An ihm erkennt man, ob das Taxi frei ist, ebenso wie an dem Pappschild hinter der Windschutzscheibe mit der Aufschrift *libre.* Taxistände gibt es auch, aber sie werden weniger aufgesucht als in anderen Ländern. Man kann die Taxis auch telefonisch rufen, und zwar bei: *Radio Taxi Independiente, Tel. 4 05 55 00; Radio Taxi, Tel. 4 47 51 80; Tele Taxi, Tel. 4 45 90 08 und bei Radioteléfono Taxi, Tel. 5 47 85 00.*

Bei Fahrtbeginn ist eine Grundgebühr von gegenwärtig 170 Ptas. fällig. Für Touren bei Nacht, an Feiertagen, vom Flughafen und für Gepäck werden nach festen Sätzen Aufschläge berechnet. Es ist gut, sich eine Quittung *(Recibo)* geben zu lassen, die man bei Beschwerden einer Stelle im Rathaus *(Tel. 4 47 07 15)* vorlegen kann.

TELEFONIEREN UND POST

Man kann von den normalen Münzfernsprechern auch ins Ausland telefonieren. Sie finden sie nicht nur in Telefonzellen, sondern auch in Bars und Restaurants. Sie sind für Münzen von 5, 25, 50 und 100 Peseten eingerichtet. Man wählt erst 07, wartet einen Pfeifton ab und dann die Vorwahl für ganz Deutschland 49, für Österreich 43 und für die Schweiz 41. Mehr Ruhe hat man in den Telefonämtern, den *Locutorios*, von denen das in der (**C 4**) *Gran Vía 30* und das am (**E 3**) *Paseo de Recoletos 41* rund um die Uhr geöffnet sind und auch R-Gespräche annehmen. Täglich von 8 bis 20 Uhr kann man auch von der (**E 4**) Hauptpost aus telefonieren. Die Telegrammaufnahme hat Tel. 2 22 20 00, die Telefonauskunft für Madrid 0 03 und für das europäische Ausland 0 08.

Die Postämter sind täglich außer Sonntag von 9 bis 14 Uhr, samstags bis 12 Uhr geöffnet, die Hauptpost an der *Plaza de Cibeles* täglich 9 bis 20 Uhr, Sonntag bis 13.30 Uhr.

Briefmarken bekommt man auch in den *Estancos* genannten Tabakläden, die im Straßenbild deutlich durch ihr rotgelbes Schild mit der Aufschrift *Tabacos* zu erkennen sind. Die Marke für einen Brief nach Deutschland kostet wie auch für Postkarten 55 Ptas. Viele Briefkästen in der Stadt haben einen Extraschlitz für Auslandspost, gekennzeichnet mit der Aufschrift *Extranjero*.

THEATERKARTEN

Man kann das Hotel bitten, Karten zu besorgen. Es gibt dafür aber auch Agenturen, die eine Gebühr von 20 Prozent kassieren. Sie sind auch für Kino, *Toros* und Fußball zuständig:

(**B 4**) *García Aguilera, Plaza de Santo Domingo, Tel. 2 48 50 28;*

(**C 4**) *Localidades Galicia, Plaza del Carmen 1, Tel. 5 31 27 32;*

(**E 3**) *Localidades Teyci, Goya 7 (Passage), Tel. 5 76 45 32*

TOURISMUS PER BAHN

Die Staatliche Eisenbahngesellschaft hat sich etwas Originelles einfallen lassen. Sie setzt an Wochenenden und Feiertagen Sonderzüge für Ausflüge zu einigen besonders interessanten Orten ein. Über genaue Preise und Zeiten informiert die Bahn unter *Tel. 7 33 60 37.* Besonderer Beliebtheit erfreut sich der *Tren de la Fresa.* Er heißt »Erdbeerzug«, weil er früher nicht nur die Verbindung zu dem berühmten Schloß herstellte, sondern auch von den Landleuten benutzt wurde, die Erdbeeren von Aranjuez nach Madrid brachten. Es ist wie in diesen alten Zeiten: mit Dampflok, alten Waggons und jungen Mädchen in Trachten von damals. Im Frühjahr bieten sie den Reisenden Körbchen mit Erdbeeren an. Der Preis der Rundreise beträgt 2500 Ptas. Ähnliche Tagesausflüge führen unter anderem nach Toledo, Siguenza und Ávila.

TRINKGELD

Bedienungsgeld ist in den Bars, Cafés und Restaurants stets in der Rechnung enthalten. Es ist aber üblich, noch ein zusätzliches Trinkgeld zu geben. Als Richtlinie gelten zehn Prozent, bei hohen Rechnungen im Restaurant eher fünf bis zehn Prozent. Bei Taxifahrern und Friseuren gelten sie als Mindestsatz. Platzanweisern im Kino sollte man mindestens 50 Ptas. in die Hand drücken. Im Hotel bekommen Kofferträger 50 Ptas. pro Gepäckstück, das Zimmermädchen 100 bis 200 Ptas., und etwas mehr, wenn man länger bleibt.

VERANSTALTUNGEN

El País legt jeder Freitag-Ausgabe einen Sonderdruck mit den Veranstaltungen der Woche bei.

Sehr nützlich ist auch die *Guía del Ocio*, die jeden Freitag für 125 Ptas. an den Zeitungskiosken zu haben ist. Das jeweilige Monatsprogramm der Filmothek liegt im *Cine Doré* zum Mitnehmen aus, und man bekommt auch in den offiziellen Büros für Tourismusinformation einen Veranstaltungskalender.

ZOLL

Innerhalb des Europäischen Einheitsmarktes sind Beschränkungen des Geld- und Warenverkehrs weitgehend gefallen. Spanien fordert nur bei der Ausfuhr von mehr als einer Million Peseten Anmeldung.

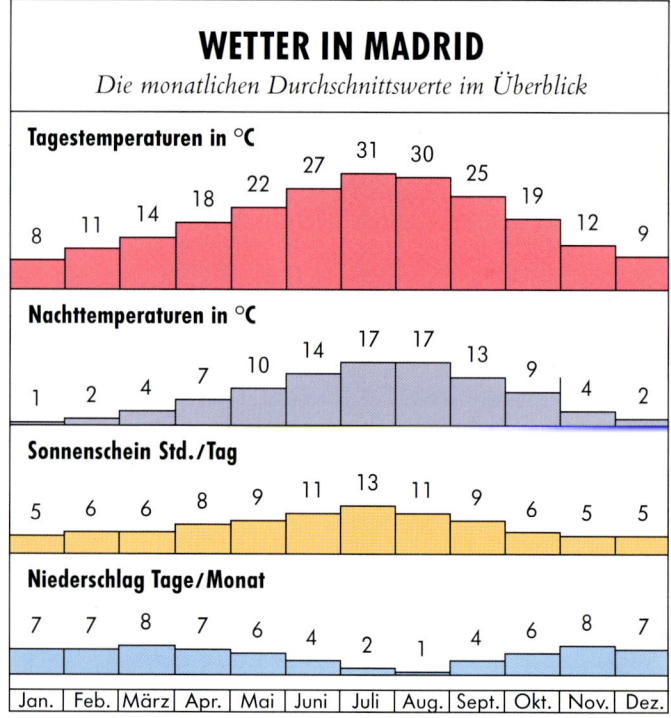

WETTER IN MADRID
Die monatlichen Durchschnittswerte im Überblick

Tagestemperaturen in °C

Jan.	Feb.	März	Apr.	Mai	Juni	Juli	Aug.	Sept.	Okt.	Nov.	Dez.
8	11	14	18	22	27	31	30	25	19	12	9

Nachttemperaturen in °C

Jan.	Feb.	März	Apr.	Mai	Juni	Juli	Aug.	Sept.	Okt.	Nov.	Dez.
1	2	4	7	10	14	17	17	13	9	4	2

Sonnenschein Std./Tag

Jan.	Feb.	März	Apr.	Mai	Juni	Juli	Aug.	Sept.	Okt.	Nov.	Dez.
5	6	6	8	9	11	13	11	9	6	5	5

Niederschlag Tage/Monat

Jan.	Feb.	März	Apr.	Mai	Juni	Juli	Aug.	Sept.	Okt.	Nov.	Dez.
7	7	8	7	6	4	2	1	4	6	8	7

Bloß nicht!

Ein paar Hinweise auf typische Sitten und mögliche Probleme

Hütchenspiele

An der *Gran Vía* oder anderen belebten Plätzen der Stadt sieht man häufig kleine Menschenknäuel, die Neugierde wecken, denn es scheint dort etwas Besonderes los zu sein. In der Mitte sind Papphütchen auf dem Boden ausgebreitet, mit denen Findige Glücksspiele betreiben. Mit beachtlichem Repertoire an Scherzen und Witzchen wird zum Mitmachen animiert, und die Umstehenden amüsieren sich. Mancher macht dann zum Spaß mit und verliert unweigerlich Geld, denn bei diesem Spiel lacht immer nur dem oft von Komplizen unterstützten Spielmacher das Glück. Sie sollten es beim Zuschauen belassen.

Ist hier frei?

Es wird Ihnen kaum etwas Böses geschehen. Wahrscheinlich ernten Sie nur einen erstaunten Blick, wenn Sie in einem Restaurant oder Café einen nur zum Teil besetzten Tisch ansteuern und fragen, ob noch ein Platz frei sei. Aber man sollte wissen, daß kein Spanier sich jemals zu anderen an den Tisch setzen würde und daher kaum verstehen kann, daß andere Menschen dies als selbstverständlich empfinden.

Es ist im übrigen auch nicht üblich, im Restaurant einen Tisch auszuwählen, ohne sich vorher mit einem der Kellner oder dem Maître zu verständigen.

Kleidung

»When in Rome do as the Romans do«, pflegen die Angelsachsen zu sagen, wenn sie sich selbst und anderen bei Reisen ins Ausland raten, sich die Lebensformen und -gewohnheiten des Gastlands zu eigen zu machen. Der Rat sollte allen Touristen mit auf den Weg gegeben werden. Dann würde man vielleicht auf den Straßen und auch in den Museen Madrids nicht so viele Menschen in kurzen Hosen, T-Shirts und Sandalen antreffen. Eigentlich würde es schon genügen, daß sie sich umschauen. Dann könnte ihnen kaum entgehen, daß die Spanier, weiblichen wie männlichen Geschlechts, sich selbst bei größter Hitze angezogen und gepflegt zeigen.

Mayonnaise

Jedes Jahr häufen sich während des heißen Sommers die gefürchteten Salmonellen-Erkrankungen. Die Hauptübeltäter stehen fest: Eier. Die Behörden haben deswegen angeordnet, daß in Bars und Restaurants nur sterilisiertes Eipulver verwendet werden darf, zum Beispiel für Mayonnaise. Man sollte dennoch lieber Speisen mit viel Mayonnaise, wie die in Bars beliebte *Ensalada rusa*, meiden.

¿Quién es la última?
¿Quién es el último?

An Bushaltestellen kann man es beobachten: Da stehen die Madrilenen brav hintereinander aufgereiht, und die Ordnung wird auch nicht plötzlich durcheinandergebracht, wenn der Bus ankommt. Keiner stürzt sich auf die Tür, niemand drängt oder versucht vor den anderen einzusteigen. Jedenfalls keiner der Einheimischen. Ebenso gesittet geht es auf Märkten und in Läden zu. Jeder, der ankommt, fragt als erstes die Wartenden, wer die Letzte oder der Letzte ist, und dann geht es schön der Reihe nach. Da sollten nicht gerade die Touristen eine Ordnung stören, die gar nicht in das Bild zu passen scheint, das viele sich von den Spaniern machen.

Sicherheit

Kleinverbrechen sind leider an der Tagesordnung. Die dabei angewandten Methoden wechseln häufig, sie können auch ziemlich brutal sein. Wenn ein Messer gezückt wird, ist es ratsam, jede Gegenwehr aufzugeben. Touristen sind keineswegs die einzigen Opfer, aber sie sind es natürlich bevorzugt. Vor allem sollte man größere Menschenansammlungen meiden und besonders auf der Hut sein, wenn vorsätzlich Gedränge erzeugt wird. Die Handtasche immer gut festhalten und sie nicht etwa frei von der Schulter baumeln lassen. Am besten ist es natürlich, wichtige und wertvolle Sachen dem Hotelsafe anzuvertrauen.

Vorsicht

Zebrastreifen sind, in Madrid ebenso wie anderswo, dazu da, Fußgängern das gefahrlose Überqueren von Straßen mit lebhaftem Autoverkehr zu gewährleisten. Sie werden aber von allzu vielen Autofahrern nicht gebührend respektiert. Das gilt sogar für Übergänge, die mit Verkehrsampeln verbunden sind. Kein Madrilene verläßt sich auf das grüne Licht für Fußgänger, sondern wartet lieber einen Moment, bevor er die Straße überquert, bis auch der letzte Wilde unter den eiligen Autofahrern eingesehen hat, daß er anhalten muß. Das sollten auch Besucher tun und nicht automatisch bei Aufleuchten der grünen Ampel ihren Fuß auf den Streifen setzen. Sicher ist sicher. Bei dem allgemein wenig entwickelten Respekt vor Regeln nehmen sich aber auch die Fußgänger etwas Freiheit. Sie gehen bei Ampelrot über die Straße, wenn weit und breit kein Autoraser zu sehen ist.

Vorsicht beim Straßenüberqueren!

REGISTER

In diesem Register finden Sie alle Sehenswürdigkeiten, die Museen und die Hotels

Was bekomme ich für mein Geld?

 Schön rund ist der Umrechnungskurs zwischen D-Mark und Pesete nicht, aber den jeweiligen Wert zu überschlagen, lernt man doch schnell. An ein paar Beispielen sieht man, mit welchen Preisen man in Madrid rechnen muß. Was man in einer Bar zu sich nimmt, hängt im Preis sehr von der Kategorie des Lokals ab. Ein kleiner Kaffee kann 75 oder 100 Ptas. kosten, aber auch 600, ein Bier in einer volkstümlichen Bar 70 Ptas. und auf einer Caféterrasse mindestens 300. Ein Glas Wein bekommt man in einer Bar schon für rund 100 Ptas. Eine dreistündige Stadtrundfahrt mit deutscher Führung ist kaum unter 3000 Ptas. zu haben. Der Eintritt in staatliche Museen beträgt 400 Ptas., in anderen bis zu 600 Ptas. Ins Kino geht man für 400 bis 600 Ptas., ein guter Platz im Theater oder Konzert kostet maximal 4000 Ptas. Beim Telefonieren innerhalb der Stadt kosten die ersten drei Minuten 25 Ptas., und man muß schnell Münzen nachfüttern, wenn am Ende ein Pfeifton ertönt. Auf Ansichtskarte oder Brief nach Deutschland gehört eine 55-Ptas.-Marke.

 Kreditkarten werden als Zahlungsmittel in den meisten Hotels, Restaurants und Geschäften (auch in Supermärkten) angenommen. Euroschecks sind kaum gebräuchlich, und man wechselt sie besser in der nächsten Bank ein.

DM	Ptas	Ptas	DM
1	83,--	100	1,20
2	166,--	250	2,99
3	249,--	500	5,98
4	332,--	750	8,96
5	415,--	1.000	11,95
10	830,--	1.500	17,93
20	1.660,--	2.000	23,90
30	2.490,--	3.000	35,85
40	3.320,--	4.000	47,80
50	4.150,--	5.000	59,75
60	4.980,--	6.000	71,70
70	5.810,--	7.500	89,63
80	6.640,--	10.000	119,50
90	7.470,--	12.500	149,38
100	8.300,--	15.000	179,25
200	16.600,--	25.000	298,75
300	24.900,--	40.000	478,--
500	41.500,--	50.000	597,50
750	62.250,--	75.000	896,25
1.000	83.000,--	100.000	1.195,--

Sprechen und Verstehen ganz einfach

Zur Erleichterung der Aussprache:

c	vor »e, i« stimmloser Lispellaut, stärker als engl. »th«. Bsp.: gracias
ch	stimmloses deutsches »dsch« wie in »Dschungel«
g	vor »e, i« wie deutsches »ch« in »Bach«
gue, gui/ que, qui	das »u« ist immer stumm, wie deutsches »g«/»k«
j	immer wie deutsches »ch« in »Bach«
ll, y	wie hartes deutsches »j« zwischen Vokalen. Bsp.: Mallorca
ñ	wie »gn« in »Champagner«
Abkürzung »Am«:	lateinamerikanisch

AUF EINEN BLICK

Ja./Nein.	Sí./No.
Vielleicht.	Quizás.
Bitte./Danke.	Por favor./Gracias.
Vielen Dank!	Muchas gracias.
Gern geschehen.	No hay de qué.
Entschuldigung!	¡Perdón!
Wie bitte?	¿Cómo dice/dices?
Ich verstehe Sie/dich nicht.	No le/la/te entiendo.
Ich spreche nur wenig …	Hablo sólo un poco de …
Können Sie mir bitte helfen?	¿Puede usted ayudarme, por favor?
Ich möchte …	Quisiera…/Desearía…/Me gustaría…
Das gefällt mir (nicht).	(No) me gusta.
Haben Sie …?	¿Tiene usted …?
Wieviel kostet es?	¿Cuánto cuesta?
Wieviel Uhr ist es?	¿Qué hora es?

KENNENLERNEN

Guten Morgen!	¡Buenos días!
Guten Tag!	¡Buenos días!/¡Buenas tardes!
Guten Abend!	¡Buenas tardes!/¡Buenas noches!
Hallo! Grüß dich!	¡Hola! ¿Qué tal?
Mein Name ist …	Me llamo …
Wie ist Ihr Name, bitte?	¿Cómo se llama usted, por favor?
Wie geht es Ihnen/dir?	¿Qué tal está usted?/¿Qué tal?
Danke. Und Ihnen/dir?	Bien, gracias. ¿Y usted/tú?
Auf Wiedersehen!	¡Hasta la vista!/¡Adiós!
Tschüß!	¡Adiós!/¡Hasta luego!
Bis bald!	¡Hasta pronto!
Bis morgen!	¡Hasta mañana!

Auskunft

links/rechts	a la izquierda/a la derecha
geradeaus	todo seguido/derecho
nah/weit	cerca/lejos
Wie weit ist das?	¿A qué distancia está?
Ich möchte … mieten.	Quisiera alquilar …
… ein Auto	… un coche
… ein Fahrrad	… una bicicleta
… ein Boot	… una barca
Bitte, wo ist …?	Perdón, ¿dónde está …
… der Hauptbahnhof	… la estación central?
… die U-Bahn	… el metro?
… der Flughafen	… el aeropuerto?
Zum … Hotel.	Al hotel …

Panne

Ich habe eine Panne.	Tengo una avería.
Würden Sie mir bitte einen Abschleppwagen schicken?	¿Pueden ustedes enviarme un cochegrúa, por favor?
Wo ist hier in der Nähe eine Werkstatt?	¿Hay algún taller por aquí cerca?

Tankstelle

Wo ist bitte die nächste Tankstelle?	¿Dónde está la estación de servicio más cercana, por favor?
Ich möchte … Liter …	Quisiera … litros de …
… Normalbenzin.	… gasolina normal.
… Super./… Diesel.	… súper./… diesel.
… bleifrei/… verbleit.	… sin plomo./… con plomo.
… mit … Oktan.	… de … octanos.
Volltanken, bitte.	Lleno, por favor.

Unfall

Hilfe!	¡Ayuda!, ¡Socorro!
Achtung!	¡Atención!
Vorsicht!	¡Cuidado!
Rufen Sie bitte schnell …	Llame enseguida …
… einen Krankenwagen.	… una ambulancia.
… die Polizei.	… a la policía.
… die Feuerwehr.	… a los bomberos.
Haben Sie Verbandszeug?	¿Tiene usted botiquín de urgencia?
Es war meine Schuld.	Ha sido por mi culpa.
Es war Ihre Schuld.	Ha sido por su culpa.
Geben Sie mir bitte Ihren Namen und Ihre Anschrift.	¿Puede usted darme su nombre y dirección?

ESSEN/UNTERHALTUNG

Wo gibt es hier …	¿Dónde hay por aquí cerca …
… ein gutes Restaurant?	… un buen restaurante?
… ein nicht zu teures Restaurant?	… un restaurante no demasiado caro?
Gibt es hier eine gemütliche Kneipe?	¿Hay por aquí una taberna acogedora?
Reservieren Sie uns bitte für heute abend einen Tisch für 4 Personen.	¿Puede reservarnos para esta noche una mesa para cuatro personas?
Auf Ihr Wohl!	¡Salud!
Bezahlen, bitte.	¡La cuenta, por favor!
Hat es geschmeckt?	¿Le/Les ha gustado la comida?
Das Essen war ausgezeichnet.	La comida estaba excelente.
Haben Sie einen Veranstaltungskalender?	¿Tienen ustedes un programa de espectáculos?

EINKAUFEN

Wo finde ich …?	Por favor, ¿dónde hay …?
Apotheke	farmacia
Bäckerei	panadería
Fotoartikel	tienda de artículos fotograficós
Kaufhaus	los grandes almacenes
Lebensmittelgeschäft	teinda de comestibles (*Am* el almacén)
Markt	mercado

ÜBERNACHTUNG

Können Sie mir bitte … empfehlen?	Perdón, señor/señora/señorita. ¿Podría usted indicarme …
… ein Hotel	… un hotel?
… eine Pension	… una pensión?
Ich habe bei Ihnen ein Zimmer reserviert.	He reservado aquí una habitación.
Haben Sie noch …	¿Tienen ustedes …
… ein Einzelzimmer	… una habitación individual
… ein Zweibettzimmer	… una habitación doble
… mit Dusche/Bad?	… con ducha/baño?
… für eine Nacht?	… para una noche?
… für eine Woche?	… para una semana?
… mit Blick aufs Meer?	… con vistas al mar?
Was kostet das Zimmer mit …	¿Cuánto cuesta la habitación con …
… Frühstück?	… desayuno?
… Halbpension?	… media pensión?

Arzt

Können Sie mir einen
guten Arzt empfehlen?

¿Puede usted indicarme un buen
médico?

Ich habe …
… Durchfall.
… Fieber.
… Kopfschmerzen.
… Zahnschmerzen.

Tengo …
… colitis.
… fiebre.
… dolor de cabeza.
… dolor de muelas.

Bank

Wo ist hier bitte …
… eine Bank?
… eine Wechselstube?

Por favor, ¿ dónde hay por aquí …
… un banco?
… una oficina de cambio?

Ich möchte … DM (Schil-
ling, Schweizer Franken)
in Peseten (Pesos) wechseln.

Quisiera cambiar … marcos (chelines,
francos suizos) en pesetas (pesos).

Post

Was kostet …
… ein Brief …
… eine Postkarte …
… nach Deutschland?

¿Cuánto cuesta …
… una carta …
… una postal …
… para Alemania?

		Zahlen		
0	cero		19	diecinueve
1	un, uno		20	veinte
2	dos		21	veintiuno, -a, veintiún
3	tres		22	veintidós
4	cuatro		30	treinta
5	cinco		40	cuarenta
6	seis		50	cincuenta
7	siete		60	sesenta
8	ocho		70	setenta
9	nueve		80	ochenta
10	diez		90	noventa
11	once		100	cien, ciento
12	doce		200	doscientos, -as
13	trece		1000	mil
14	catorce		2000	dos mil
15	quince		10000	diez mil
16	dieciséis			
17	diecisiete		1/2	medio
18	dieciocho		1/4	un cuarto

Menú
Speisekarte

DESAYUNO	FRÜHSTÜCK
café solo	schwarzer Kaffee
café con leche	Kaffee mit Milch
café descafeinado	koffeinfreier Kaffee
té con leche/limón	Tee mit Milch/Zitrone
infusión (de hierbas)/tisana	Kräutertee
chocolate	Schokolade
zumo de fruta	Fruchtsaft
huevo pasado por agua	weiches Ei
huevos revueltos	Rührei
pan/panecillos/tostadas	Brot/Brötchen/Toast
croissant (*Am* media luna)	Hörnchen
churros	Ölkringel *(Gebäck)*
mantequilla (*Am* manteca)	Butter
queso	Käse
embutido	Wurst
jamón	Schinken
miel	Honig
mermelada	Marmelade
müsli	Müsli
yogur	Joghurt

ENTREMESES/SOPAS	VORSPEISEN/SUPPEN
aceitunas	Oliven
alcachofas	Artischocken
boquerones	Sardellen
caracoles	Schnecken
chorizo	Paprikawurst
ensaladilla rusa	russische Eier
gambas al ajillo	Garnelen in Knoblauchsauce
gazpacho	kalte Suppe aus Tomate, Paprikaschote, Apfel, Öl, Essig usw.
jamón serrano	roher Schinken
mejillones	Miesmuscheln
tortilla (a la) española	Omelett mit Kartoffeln (und Zwiebeln)
tortilla (a la) francesa	einfaches Omelett
salchichón	spanische Salami
salpicón de marisco	Meeresfrüchtesalat
sopa de pescado	Fischsuppe
sopa de verduras (sopa juliana, sopa jardinera)	Gemüsesuppe

PESCADOS Y MARISCOS — FISCH UND MEERESFRÜCHTE

arenque	Hering
atún	Thunfisch
bacalao	Kabeljau, Stockfisch
besugo	Seebrasse
bogavante	Hummer
bonito	Thunfisch
calamares a la romana	panierte Tintenfischringe
dorada	Goldbarsch
gambas	Garnelen
langostinos	Riesengarnelen
lenguado	Seezunge
lubina	See-, Wolfsbarsch
paella	Reisgericht mit Meeresfrüchten und/oder Fleisch
parrillada de pescado	Fisch-Grillplatte
perca	Barsch
pescado a la marinera	in Tomatensoße mit Petersilie gedämpfter Fisch
platija	Scholle
pulpo	großer Tintenfisch
rape	Seeteufel
salmón	Lachs
trucha	Forelle

CARNE Y AVES — FLEISCH UND GEFLÜGEL

asado	Braten
bistec	Beefsteak
carne picada	Hackfleisch
carne de vaca	Rindfleisch
cerdo	Schwein
chuleta (*Am* costeleta)	Kotelett
cocido	Eintopf mit Fleisch, Kichererbsen, Gemüse, Kartoffeln usw.
cochinillo	Spanferkel
cordero	Hammel, Lamm
escalope	Schnitzel
estofado	Schmorbraten
filete	Filet, Lendenstück
guisado	Gulasch, Ragout
hígado	Leber
parrillada de carne	Fleisch-Grillplatte
pato	Ente
pollo	Hähnchen
rosbif	Rostbeef
solomillo	Filet, Lendenstück
ternera	Kalb

ENSALADA Y VERDURAS — SALAT UND GEMÜSE

alcachofas	Artischocken
berenjenas	Auberginen
cebollas	Zwiebeln
coliflor	Blumenkohl
ensalada variada/mixta	gemischter Salat
ensalada del tiempo	Salat der Saison
escarola	Endivie(nsalat)
espárragos	Spargel
garbanzos	Kichererbsen
guisantes	Erbsen
judías	Bohnen
lechuga	Kopfsalat
patatas (*Am* papas)	Kartoffeln
patatas (*Am* papas) fritas	Pommes frites
pepino	Gurke
pimiento	Paprikaschote
pisto (manchego)	geschmorte Paprikaschote, Tomate usw. (mit Kürbis)
setas	Pilze
tomate	Tomate
zanahorias	Karotten

POSTRES, QUESO Y FRUTA — NACHSPEISEN, KÄSE UND OBST

albaricoques (*Am* damascos)	Aprikosen
arroz con leche	Milchreis
compota	Kompott
flan	Karamelpudding
fresas (*Am* frutilla)	Erdbeeren
higos	Feigen
macedonia de frutas	Obstsalat
manzana	Apfel
melocotón (*Am* durazno)	Pfirsich
melón	Melone
naranja	Apfelsine
natillas	Cremespeise
pera	Birne
piña (Am ananás)	Ananas
plátano (*Am* banana)	Banane
queso de cabra	Ziegenkäse
queso (de) Gruyère	Emmentaler Käse
queso manchego	»Mancha«-Käse
queso de oveja	Schafskäse
sandía	Wassermelone
tarta	Torte
toronja	Pampelmuse
uvas	Weintrauben

HELADOS/DULCES	EIS/GEBÄCK
bombón	Praline
café helado	Eiskaffee
chocolate	Schokolade
churros	fettgebackene Hefekringel
copa de helado	Eisbecher
dulces	Süßigkeiten
galletas	Kekse
helado variado	gemischtes Eis
nata	Sahne
tarta de frutas	Obstkuchen

Bebidas
Getränkekarte

BEBIDAS ALCOHOLICAS	ALKOHOLISCHE GETRÄNKE
aguardiente	Schnaps
caña de cerveza	Bier (kleines Glas)
Cariñena	herber Tischwein
cerveza de barril	Bier vom Faß
Chacolí	herber Aperitif
Jerez dulce/oloroso	süßer Sherry
Málaga	sehr süßer Dessertwein
Manzanilla	herber Weißwein
Montilla	herber Aperitif
Moriles	herber Weißwein
Priorato	herber Rot- oder Weißwein (aus Katalonien)
Ribeiro	herber Rotwein (Tischwein aus Galizien)
Rioja	herber Rot- und Weißwein
Sangría	Rotweinbowle (mit Früchten)
Valdepeñas	herber Rot- und Weißwein (aus der »Mancha«)

BEBIDAS NO ALCOHOLICAS	ALKOHOLFREIE GETRÄNKE
agua mineral	Mineralwasser
batido	Milchmixgetränk
gaseosa	Sprudel mit Geschmack
horchata	Erdmandelmilch
leche	Milch
zumo (*Am* jugo) de naranja	Orangensaft